Reise durch

# NIEDERSACHSEN

Bilder von
Ernst Wrba

Texte von
Georg Schwikart

Stürtz

***Erste Seite:***
*Dieses Einhorn ziert die Fassade von Lüneburgs ältester Apotheke im Herzen der Stadt.*

***Vorherige Seite:***
*Bauernhof und „Everdings Mühle“ in Groß-Mimmelage im Artland nördlich von Osnabrück. In der aufwändig renovierten Galerieholländer-Windmühle kann man sich standesamtlich trauen lassen.*

***Unten:***
*Das Stadtbild von Einbeck wird geprägt von über hundertfünfzig spätmittelalterlichen Fachwerkhäusern. Das hier seit Jahrhunderten gebraute Bier ist der Ursprung aller Bockbiere.*

**Seite 10/11:** *Auf der Insel im Burggraben der alten Hansestadt Stade gibt es ein Freilichtmuseum mit historischen Bauernhäusern. Dieses Haus von 1733 stammt aus Huttfleth im Alten Land.*

# Inhalt


12 **Wo keine Palmen wachsen – Niedersachsen**

26 **Von der Nordseeküste ins Oldenburger Münsterland**
Seite 46 Zwischen Meer und Mooren – Ostfriesland

68 **Zwischen Elbe und Weser: Von Cuxhaven in die Lüneburger Heide**
Seite 80 Künstlerkolonie im Teufelsmoor – Worpswede
Seite 92 Die Lüneburger Heide und ihre Heidschnucken

102 **Von der Landeshauptstadt Hannover in den Harz**
Seite 118 Autogeschichte – der Volkswagen aus Wolfsburg

134 Register
135 Karte
136 Impressum

# Wo keine Palmen wachsen – Niedersachsen

*Der historische Marktplatz von Hildesheim bietet nach der Rekonstruktion in den 1980er-Jahren heute wieder ein geschlossenes Bild mit seinen ursprünglich aus der Renaissance stammenden Zunfthäusern.*

Kennst du das Land, wo keine Palmen wachsen? Kein Kaviar …? 'S ist Niedersachsen!" – Diese heiter-respektlosen Reime über ihre Heimat wurden einmal der Hannoveraner Gelegenheitsdichterin Julie „Julchen" Schrader (1881–1939) zugeschrieben. Auch wenn in Niedersachsen weder Palmen noch Kaviar gedeihen, hat dieses Land doch allerlei zu bieten. Das nach Bayern zweitgrößte Land der Bundesrepublik erstreckt sich über etwa 47 600 Quadratkilometer. Im Norden reicht es bis zur Nordseeküste, im Süden bis zum Harz. Eine Enklave auf dem Landesgebiet ist das Bundesland Bremen mit den beiden Städten Bremen und Bremerhaven. Vier Flüsse prägen die Landschaft: Ems, Weser, Aller und Elbe. Drei Viertel der Landesfläche gehören zur Norddeutschen Tiefebene, der Süden zum Niedersächsischen Bergland. Der Wurmberg im Harz ist mit 971 Metern der höchste Berg Niedersachsens; der tiefste Geländepunkt ist mit 2,5 Metern unter dem Meeresspiegel eine Senke bei Freepsum in Ostfriesland. Von den fast acht Millionen Einwohnern lebt etwa die Hälfte in der Metropolregion Hannover-Braunschweig-Göttingen-Wolfsburg; andererseits zählen große ländliche Gebiete im Nordosten und Westen des Landes zu den strukturschwachen Räumen, wie die Lüneburger Heide oder das Emsland.

Es heißt, in der Gegend von Hannover und Braunschweig werde das reinste Hochdeutsch im deutschen Sprachraum gesprochen. Die Regionalsprachen Niederdeutsch (Plattdeutsch) und Niederländisch sind im Land als Amtssprachen zugelassen. Über die Hälfte der Niedersachsen gehört der Evangelischen Kirche an, deren Zentrale für Deutschland in Hannover ihren Sitz hat. 17,7 Prozent der Bevölkerung sind Katholiken, der Rest gehört weiteren christlichen Gemeinschaften, anderen Religionen oder keiner Konfession an.

60 Prozent der Fläche Niedersachsens werden landwirtschaftlich genutzt. Angebaut werden Getreide und Zuckerrüben, Gemüse und Raps; auf den Sandböden gedeiht der Spargel. Außerdem gibt es ausgedehnte Obstanbaugebiete, vor allem das Alte Land. In Ostfriesland dominiert die Viehhaltung; an der Küste wird ge-

fischt. Wichtigster Wirtschaftsfaktor im Land ist die Automobilindustrie, deren Zentrum das Volkswagenwerk in Wolfsburg bildet. In Salzgitter und Peine wird Stahl hergestellt; Braunschweig und Göttingen gelten als Wissenschaftsstandorte. Schließlich macht der Tourismus einen erheblichen Anteil an der wirtschaftlichen Leistung des Landes aus: Fast zehn Millionen Besucher kommen pro Jahr, die meisten im Sommer, davon 90 Prozent aus Deutschland.

### Von Hünen und Römern

Zahlreiche Bodenfunde lassen auf eine Besiedelung des heutigen Niedersachsen bereits in der Jungsteinzeit vor etwa 5500 Jahren schließen, vor allem die reichlich vorhandenen Hünengräber. Im niederdeutschen Sprachraum und in den Niederlanden heißen sie „Hunebedden" („Hünenbetten"). Zwischen Issendorf und Daudieck bei Harsefeld im Landkreis Stade liegen rund fünfzig solcher Gräber entlang eines archäologischen Lehrpfads. In der Lüneburger Heide findet man sie ebenso wie in Ostfriesland – allerdings dürften in steinarmen Gegenden viele von ihnen im Mittelalter als Baumaterial wiederverwendet worden sein, sodass nur rund zehn Prozent von ihnen erhalten geblieben sind.

Vor zweitausend Jahren, zur Zeit des römischen Kaisers Augustus, waren die Römer bestrebt, ihr Imperium auf Gebiete östlich des Rheins und nördlich der Donau auszudehnen. Arminius (eingedeutscht: Hermann), ein Fürst des Cheruskerstamms, bewegte einige Stämme zu einem Aufstand gegen Rom. Im Herbst des Jahres 9 n. Chr. erlitten unter dem römischen Statthalter Varus drei Legionen mit je 4000 bis 6000 Soldaten eine vernichtende Niederlage gegen ein germanisches Heer unter Führung des Arminius. Wo diese sogenannte „Schlacht im Teutoburger Wald" stattgefunden hat, ist äußerst umstritten; als einer der möglichen Schauplätze gilt die Kalkrieser-Niewedder Senke im Osnabrücker Land. Im Rahmen eines Projekts zur Weltausstellung Expo 2000 in Hannover entstand hier der etwa 20 Hektar große Museumspark „Varusschlacht", der im Jahr 2001 durch ein Museum ergänzt wurde.

Etwa im 3. Jahrhundert n. Chr. schlossen sich einige westgermanische Stämme zum Stammesverband der Sachsen zusammen. Sie lebten im Nordwesten des heutigen Deutschland und im Osten der heutigen Niederlande, und besiedelten bis zum 7. Jahrhundert einen Raum, der etwa dem heutigen Niedersachsen, Westfalen und einigen angrenzenden Gebieten entspricht. An der Nordseeküste bewahrten die Friesen seit dem Frühmittelalter ihre Eigenständigkeit.

## Das Sachsenross

Im Jahr 772 fielen die Franken unter Karl dem Großen, dem späteren Kaiser, ins Land der (Nieder-)Sachsen ein und zerstörten eines ihrer Heiligtümer. Damit begann ein Krieg, der über dreißig Jahre dauerte. Der bedeutendste Herzog der Sachsen war der Westfale Widukind oder Wittekind, der von 777 bis 785 den Widerstand gegen Karl den Großen anführte. Von Widukind erzählt die Legende: Bei seiner Taufe im Jahre 785 soll sich sein schwarzes Pferd in einen Schimmel verwandelt haben, das „Sachsenross". Schon zu dieser Zeit galt das springende weiße Ross als Symbol für das Land und sein Volk. Im Jahr 1361 erschien es erstmalig im Siegel der Welfen. Das Bundesland Niedersachsen trägt es seit 1946 im Wappen.

Gleichsam lebendige Wappentiere des Landes sind die Hannoveraner Pferde, die zu den bekanntesten und erfolgreichsten Warmblutrassen der Welt gehören. Zentrale der Hannoveranerzucht ist das rund 275 Jahre alte Niedersächsische Landgestüt Celle. Die Celler Hengstparaden an den letzten beiden Wochenenden im September sind eine Attraktion für Pferdefreunde.

Die Bezeichnung „Niedersachsen" ist schon sehr alt; sie kann bis ins 14. Jahrhundert zurückverfolgt werden. Die Bezeichnung „Saxonia inferior" (lat. „niederes Sachsen") lässt sich in einer Urkunde der deutschen Reichskanzlei von 1354 zum ersten Mal nachweisen. Damit wurde das alte Sachsenland von den später Kursachsen oder (Ober-)Sachsen genannten mitteldeutschen Fürstentümern unterschieden.

## Vicus Hanovere

Wo das Niedersächsische Bergland in die Norddeutsche Tiefebene übergeht, hat sich an einer vor Hochwasser geschützten Stelle am Ufer der Leine vermutlich schon in der Antike eine Siedlung befunden. Am Schnittpunkt bedeutender europäischer Fernverkehrswege beginnt hier um 950 die mittelalterliche Besiedelung. Mehrere kleine Siedlungen wachsen allmählich zusammen. Um 1150 wird in den Hildesheimer „Miracula Sancti Bernwardi" (lat. „Wunder des Heiligen Bernward") erstmals ein „Vicus Hanovere" (lat. vicus: „Marktflecken") erwähnt. Zwar ist die Deutung des Namens „hanovere" als „hohes Ufer" umstritten, doch vielleicht hat dem Dorf wirklich seine Lage am Ufer der Leine zu seinem Namen verholfen.

Dauerhafte Spuren in der Geschichte des Landes hinterlässt der Welfe Heinrich der Löwe (1129/30–1195), einer der mächtigsten Reichsfürsten des 12. Jahrhunderts. Er wählt Braunschweig zu seiner Residenz, wo er die Burg Dankwarderode und den berühmten Bronzelöwen

*Wenige Kilometer von Papenburg entfernt liegt Gut Altenkamp mit seinem Barockgarten. Die Anlage mit ihrem fast dreihundert Jahre alten Pflanzenbestand ist als Gartendenkmal geschützt.*

(1166) als Sinnbilder seiner Macht errichten lässt. Von seiner Pilgerfahrt ins Heilige Land bringt er zur Ausstattung des Braunschweiger Doms den Grundstock für den Reliquienschatz mit. Nach der Entmachtung Heinrichs 1180 durch seinen Vetter, Kaiser Friedrich I. Barbarossa, zersplittert das alte Herzogtum Sachsen in zahlreiche kleine Territorien. Noch heute erkennt man an vielen Ortsnamen auf „-burg", dass sie einst Herrschersitze waren, von Cloppenburg bis Wolfsburg.

1189 lässt ein Gegner Heinrichs des Löwen, der Sohn Friedrich Barbarossas und spätere Kaiser Heinrich VI., Hannover in Brand stecken. Um 1200 wird die Stadt wieder aufgebaut, und 1241 werden die Stadtrechte bestätigt. Ab 1392 darf eine neue Stadtbefestigung errichtet werden. Daraus entsteht die Hannoversche Landwehr mit Wällen, Hecken, Warthäusern und -türmen. Reste davon sind bis heute erhalten. Zur Zeit ihrer spätmittelalterlichen Blüte tritt die Stadt der Hanse bei und hat rund 4000 Einwohner. 1533 nehmen die Bürger von Hannover die Lehre Martin Luthers an. Während des Dreißigjährigen Krieges macht 1636 der Herzog und Armeegeneral in schwedischen Diensten Georg von Calenberg (1582–1641) die gut befestigte Stadt zu seiner Residenz. Ein um 1300 gegründetes Minoritenkloster innerhalb der Stadtmauer, das bei der Reformation 1533 säkularisiert worden ist, soll zum Residenzschloss ausgebaut werden. Aufgrund der Not während des Krieges entsteht das „Leineschloss" zunächst nur als bescheidener Fachwerkbau.

Hannover erlebt in den folgenden 80 Jahren eine Blütezeit als barocke Residenzstadt. Herzog Georgs dritter Sohn Johann Friedrich (1625–1679) wählt das Dorf Haringehusen unter dem Namen Herrenhausen zu seiner Sommerresidenz und beginnt mit der Anlage der Herrenhäuser Gärten, die zu den bedeutendsten Barockgärten Europas zählen. 1676 wird Gottfried Wilhelm Leibniz (1646–1716), einer der größten Gelehrten Europas, von Herzog Johann Friedrich zum Hofrat und Leiter der Hofbibliothek ernannt. 1696 ersinnt er eine Wasserversorgung für die zahlreichen Wasserspiele der Herrenhäuser Gärten mit einem das Gefälle der Leine nutzenden Pumpwerk. 1698 bezieht er in Hannover das heute nach ihm benannte Leibnizhaus. Im Alter von 70 Jahren stirbt Leibniz in Hannover und wird dort in der Neustädter Hof- und Stadtkirche St. Johannis beigesetzt.

*Der Ostchor in der romanischen Kirche St. Michaelis zu Hildesheim. Sie entstand zu Beginn des 11. Jahrhunderts als Grabeskirche des Bischofs Bernward von Hildesheim (um 960–1022) und ist seit 1985 Weltkulturerbe der UNESCO.*

**Personalunion zwischen England und Hannover**

Seit 1698 regiert Georg I. Ludwig (1660–1727) das Kurfürstentum Braunschweig-Lüneburg, das umgangssprachlich „Kurhannover" heißt. 1710 holt er den jungen Komponisten Georg Friedrich Händel (1685–1759) als Kapellmeister an den kurfürstlichen Hof. Nach dem Tod der Königin Anna Stuart von Großbritannien 1714 erbt Georg Ludwig als ihr nächster protestantischer Verwandter die britische Königskrone. Er wird in der Londoner Westminster Abbey als Georg I. zum König von Großbritannien und Irland gekrönt. Mit Georg Ludwig beginnt die Personalunion zwischen England und Hannover: Der König von England ist zugleich Kurfürst – und später König – von Hannover. Sie endet 1837 nach 123 Jahren mit der Thronbesteigung Königin Victorias, die als Frau von der Thronfolge in Hannover ausgeschlossen ist. Doch auch Queen Elizabeth II. ist noch eine direkte Nachfahrin Georg Ludwigs.

Obwohl Georg Ludwigs Nachfolger sich meist in London und nur selten in Hannover aufhalten, entfaltet sich im Leineschloss höfischer Glanz. Das schon 1690 erbaute Opernhaus gilt mit seinen 1300 Plätzen und der prächtigen Ausstattung sogar als das beste in Europa. Bekannte Persönlichkeiten wie Zar Peter der Große oder Prinz Eugen von Savoyen besuchen Hannover. Die Napoleonischen Kriege bereiten den Baumaßnahmen aber zunächst ein Ende. Während der französischen Besatzung zwischen 1803 und 1813 wird das Schloss von den Truppen geplündert; daraufhin verwahrlost es.

In den Jahren 1814/15 berät der Wiener Kongress die Neuordnung Europas nach dem Sieg über Napoleon. Das Kurfürstentum Hannover wird zum Königreich erhoben und kann sich beträchtlich vergrößern. Zwischen 1816 und 1844 wird das Leineschloss im klassizistischen Stil umgestaltet. Aus dieser Zeit stammt der markante Portikus an der Vorderseite mit seinen sechs korinthischen Säulen, der an einen griechischen Tempel erinnert.

Im Preußisch-Österreichischen Krieg 1866 verliert Hannover seine Unabhängigkeit. Doch der Anschluss an Preußen fördert das Wirtschaftswachstum in der Provinzhauptstadt Hannover, und die Stadt verwandelt sich von einer Residenz in eine Industriemetropole. 1873 erreicht sie 100 000 Einwohner und damit

den Status einer Großstadt. Bis 1912 wächst ihre Bevölkerung auf 313 400 Einwohner. 1872 wird die erste Pferdebahn eingeweiht, die ab 1893 zur elektrischen Straßenbahn weiterentwickelt wird. 1902 erstrahlt die erste Leuchtreklame Deutschlands von der Firma Bahlsen. Hermann Bahlsen (1859–1919) hatte in Großbritannien die englischen „Cakes“ kennen gelernt. Die „Butter-Cakes“, die er 1892 entwickelt, benennt er nach dem Universalgenie Leibniz. 1911 wird das von Bahlsen verwendete Wort „Kekse“ als Übersetzung für das englische „Cakes“ in den Duden aufgenommen.
Im Zweiten Weltkrieg wird Hannover als Verkehrsknotenpunkt und Standort der Rüstungsindustrie immer wieder Ziel alliierter Luftangriffe, vor allem 1943. Etwa 6700 Menschen finden dabei den Tod; nur fünf Prozent der 150 000 Wohnungen bleiben unbeschädigt. Das Leineschloss wird an rund 100 Stellen getroffen; dadurch brennt es bis auf die Außenmauern aus. Auch Schloss Herrenhausen wird 1943 durch Bomben zerstört. Von rund 1600 Fachwerkhäusern haben nur etwa dreißig den Krieg überstanden. Die schönsten setzte man in die Burgstraße um, wo sie einen Eindruck davon geben, wie die Stadt im 16./17. Jahrhundert ausgesehen haben könnte. Das Leineschloss wurde ab 1957 wieder aufgebaut. Seit 1962 hat hier der Niedersächsische Landtag seinen Sitz.

### Hannover Messe

Im Jahr 1947 wurde die Deutsche Messe AG gegründet, welche in Konkurrenz zur – seinerzeit in der Sowjetischen Besatzungszone unerreichbaren – Leipziger Messe die erste „Exportmesse 1947 Hannover“ ausrichtete. Seither findet die Hannover Messe jedes Frühjahr statt. Heute ist sie eine Veranstaltung der Superlative: die größte Industriemesse der Welt auf dem größten Messegelände der Welt. Schon 1947 gehörte auch ein Bereich „Büroindustrie“ dazu. 1970 wurde im Nordosten des Messegeländes die Halle 1 CeBIT – „Centrum der Büro- und Informationstechnik“ – eingeweiht. Seit 1986 ist die CeBIT eine eigenständige Messe, heute die weltweit größte Messe für Informationstechnik. Über sechzig nationale und internationale Messen finden regelmäßig in Hannover statt. Die Weltausstellung Expo 2000 stand unter dem Motto „Mensch, Natur und Technik – Eine neue Welt entsteht“, und führte rund achtzehn Millionen Besucher in die niedersächsische Landeshauptstadt.
Etwa 520 000 Einwohner leben hier auf rund 200 Quadratkilometern. Davon sind fast 50 Prozent Grünfläche, was Hannover zu einer „Großstadt im Grünen“ macht. Der Stadtwald Eilenriede, eine der „grünen Lungen“ der Stadt, ist

650 Hektar groß; dazu gesellen sich weitere Parks. Ein Paradies für Wassersportler ist der 1934/35 in der Leinemasch künstlich angelegte Maschsee. Das Wort „Masch" ist mit „Marsch" verwandt und bezeichnet das Überschwemmungsgebiet der Leine.
Die barocken Herrenhäuser Gärten sind nicht nur Naherholungsgebiet, sondern auch Veranstaltungsort für künstlerische und musikalische Events, vor allem während der „Festwochen Herrenhausen". Alljährlich findet hier auch der „Internationale Feuerwerkswettbewerb" statt, bei dem Pyrotechniker aus aller Welt ihre Künste zeigen. Im nordwestlichen Teil der Gartenanlage befindet sich eine der letzten Arbeiten der Künstlerin Niki de Saint Phalle (1930–2002). Sie gestaltete die dreiräumige Grotte neu mit Kristall- und Spiegelmosaiken und einigen Plastiken. Entlang eines „Skulpturenweges" zwischen dem Niedersächsischen Landtag und den Herrenhäuser Gärten kann man einige ihrer „Nanas" und weitere zeitgenössische Kunstwerke betrachten.
Ein „Roter Faden", auf das Pflaster der Innenstadt gemalt, führt Besucher auf einer 4,2 Kilometer langen Tour zu Fuß zu sechsunddreißig Sehenswürdigkeiten. Vom klassizistischen Opernhaus über die Einkaufsmeile Georgstraße leitet der Weg zum Mahnmal Ägidienkirche und zum Rathaus. Die Marktkirche im Zentrum der Altstadt stammt aus dem 14. Jahrhundert. Sie und das Alte Rathaus sind Zeugnisse der norddeutschen Backsteingotik. In der Kreuzkirche ist ein Altargemälde von Lucas Cranach dem Älteren zu bewundern. Etwas außerhalb liegt die älteste Kirche der Stadt, das Kloster Marienwerder aus dem 12. Jahrhundert.
Das Niedersächsische Landesmuseum präsentiert Ausstellungen zu Kunst, Natur- und Völkerkunde. Im Wilhelm-Busch-Museum werden Werke des aus Wiedensahl im Schaumburger Land stammenden „Pioniers des Comic Strips" gezeigt, aber auch Karikaturen und kritische Graphiken. Weitere Museen widmen sich zum Beispiel dem Theater, der Münzkunde, der Feuerwehr, dem Buchdruck oder der Geschichte der Juden. Auch zahlreiche Galerien lohnen einen Besuch.

### Niedersachsen kulinarisch

Die niedersächsische Speisekarte zeichnet sich durch zahlreiche regionale Spezialitäten aus. Aus Bremen bekannt, und auch in Niedersachsen genossen: Grünkohl mit Pinkel. Der Grünkohl – auch Braunkohl oder scherzhaft „Oldenburger Palme" genannt – wird nach dem ersten Bodenfrost geerntet und zu einem Eintopf zubereitet. Dazu wird Kasseler, Speck oder – besonders typisch – „Pinkel" gereicht, eine fette

*Norderney ist nach Borkum die zweitgrößte der Ostfriesischen Inseln. Auf der gesamten Nordseite der Insel erstreckt sich der rund 14 Kilometer lange Sandstrand.*

geräucherte Grützwurst aus Schweinefleisch. Auch Pottwurst – gebratene Blutwurst – oder „Calenberger Pfannenschlag" – eine Rindswurst – zählen zu den bodenständigen Speisen. International bekannt ist die Braunschweiger: „He! Liese! Was hast du da?", fragt Richter Adam in Heinrich von Kleists 1808 uraufgeführtem Lustspiel „Der zerbrochne Krug". Und die Magd reicht ihm: „Braunschweiger Wurst, Herr Richter." Im Herkunftsort verbirgt sich hinter diesem Namen meistens eine Streichmettwurst.
Beliebt sind außerdem Wildgerichte, und vor allem in der Heide Gerichte mit Schaffleisch. In Hannover schätzt man das Zungenragout. An der Küste und an den Flüssen locken Fischrestaurants mit Scholle, Hering und Makrele, im Binnenland kommen eher Forelle und Aal auf den Teller, etwa aus dem Steinhuder Meer. Selbstverständliche Beilage ist die Kartoffel. Neben der Heidekartoffel werden auch Raritäten wie „Rote Emma" oder „Blauer Schwede" angeboten, welche die entsprechende Farbe haben. Im Schaumburger Land kochte man früher „Boddermelksanballerße", ein Kartoffelgericht mit Buttermilch: damals ein Arme-Leute-Essen, heute eine Spezialität. Ähnlich ergeht es dem „Stranddreizack" oder „Röhrkohl" genannten Gemüse, das an der Küste gedeiht, dem Steckrübeneintopf, oder dem Eintopf aus Birnen, Bohnen und Speck, regional „Gröööner Hein" genannt. Niedersachsen ist ein Spargelland; jeder fünfte deutsche Spargel wächst hier. Die Niedersächsische Spargelstraße führt den Reisenden im Frühsommer auf 750 Kilometern Länge durch die wichtigsten Anbaugebiete des „weißen Goldes".
Eine ausgezeichnete Möglichkeit, die Küche des Landes zu erkunden, ist die Aktion „Niedersachsenteller": Landesweit bieten Gaststätten, die sich daran beteiligen, den Gästen typische Gerichte zu einem einheitlichen niedrigen Preis. Als Nachspeise mundet der streng riechende Harzer Käse, anderswo Quargel genannt, oder etwas Süßes wie die Welfenspeise. Das ist eine zweischichtige Süßspeise, die aus einer weißen, gekochten Milch-Vanille-Creme besteht, unter die sehr steif geschlagener Eischnee gehoben wird. Nach dem Erkalten kommt darüber eine gelbe Schicht von Weincreme aus geschlagenem Eigelb, Weißwein und etwas Zitronensaft. Die Welfenspeise erhielt ihren Namen nach den Farben der Welfen: Weiß und Gelb. Weni-

*Die Altstadt von Hameln ist reich an historischen Bürgerhäusern. Viele davon stammen aus der Renaissance, wie das prächtige „Bürgerhus", Kupferschmiedstraße 13, erbaut 1560 durch den Ratsherrn Hollenstedt.*

ger königlich sind Butter- oder Apfelkuchen, Osnabrücker Hedeweggen („heiße Wecken" – Rosinenbrötchen), oder die in der Lüneburger Heide zum Kaffee gern servierte Buchweizentorte, denn dieses Getreide wuchs auch in der kargen Heidelandschaft. In Ostfriesland spielt der Kaffee keine so große Rolle, denn dort hat sich eine Kultur des Teetrinkens etabliert. Zu kräftigen Speisen gehört ein Bier: „Braunschweiger Mumme" und „Goslarer Gose" sind jahrhundertealte Traditionsbiere. An Spirituosen wären Korn, Beerenschnaps und Kräuterlikör zu erwähnen; überall bekommt man den „Jägermeister", ein Produkt aus dem niedersächsischen Wolfenbüttel.
Neben Allerweltsartikeln wie bedruckten Tassen, Mützen, T-Shirts oder Pins bieten sich als Souvenirs aus Niedersachsen vor allem Spezialitäten an, die man nicht überall erhält. Wie wäre es mit Osnabrücker Steckenpferd-Pralinen, oder ein paar Flaschen Braunschweiger Mumme? Von Hildesheim sollte man nicht scheiden ohne eine „Hildesheimer Rose" im Gepäck, vom Schmuckstück bis zum Zuckerlöffel. Den delikaten Schinken von der Lüneburger Heidschnucke gibt es nur vor Ort. Auch Heidehonig oder wenigstens ein Säckchen Salz aus der alten Salzstadt Lüneburg bringen das Aroma des Nordens wieder auf die Zunge. Und Hameln wäre nicht Hameln, wenn die Rattenfängersage nicht auch das Souvenirangebot bestimmte: Wer möchte seinen Lieben zu Hause nicht gerne einmal eine Freude bereiten mit „Brotratten", „Rattenblut" oder hochprozentigem „Rattenkiller"?

***Seite 22/23:***
*Leer im Abendlicht. Die Stadt zwischen den Flüssen Leda und Ems ist das „Tor Ostfrieslands". Rathaus und Alte Waage prägen die Silhouette der Altstadt.*

***Seite 24/25:***
*Historische Gebäude am Marktplatz von Norden, der ältesten Stadt Ostfrieslands. Sie befindet sich in der äußersten Nordwestecke der Bundesrepublik Deutschland.*

Kartoffelhaus
Wendenstraße

WARSTEINER
ADMIRAL

15
MDCLXI

# Von der Nordseeküste ins Oldenburger Münsterland

*Das Nordseeheilbad Neuharlingersiel liegt direkt an der Küste. Es verfügt über einen der schönsten Fischereihäfen Ostfrieslands mit einer noch aktiven Kutterflotte.*

Wo im Nordwesten das deutsche Festland endet, liegt eines der beliebtesten Ferienziele der Republik: Ostfriesland mit seinen Inseln, die entlang der Küste aufgereiht sind wie Perlen auf einer Schnur. Sonne, Sand und Wattenmeer locken alljährlich Tausende Urlauber hierher. Das ebene Binnenland ist ein Eldorado für Radfahrer; Bootswanderer können Ostfriesland per Kanu erleben, und an Regentagen gibt es eine Vielzahl ostfriesischer Kulturschätze zu besichtigen.
Südlich an Ostfriesland schließt sich das Emsland mit seiner schönen Flusslandschaft an. Früher galt diese Region als das „Armenhaus Deutschlands", da es hier außer dem Torfabbau in den Mooren kaum Erwerbsmöglichkeiten gab. Inzwischen verzeichnet die Region 1,5 Millionen Übernachtungen im Jahr. Im Norden zwischen Haren und der Werftstadt Papenburg prägen Kanäle, Schleusen, Klapp- und Zugbrücken die Ems. Im hügeligen Land des Hümmling lohnt das am östlichen Ortsrand von Sögel stehende spätbarocke Schloss Clemenswerth mit dem Emslandmuseum einen Besuch. An der „Hünengräberstraße" sind zahlreiche Großsteingräber zu bestaunen. Das Bourtanger Moor westlich der Ems war einmal das größte zusammenhängende Moorgebiet Westeuropas und hat heute noch eine Größe von etwa 200 Quadratkilometern.
In Osnabrück, der drittgrößten Stadt Niedersachsens, gibt es etliche eindrucksvolle historische Bauwerke von der Romanik bis zum Jugendstil. Auch das Oldenburger Münsterland weist vielfältige Urlaubs- und Erholungsgebiete auf. Das Wassersportparadies Dümmer bei Diepholz liegt in den waldreichen Dammer Bergen. Naturfreunde zieht es in die Schärenlandschaft der Thülsfelder Talsperre. Der 306 Kilometer lange Radwander-Rundkurs „Boxenstopp-Route" mit Start und Ziel in Cloppenburg führt mit 120 Stationen durchs Oldenburger Münsterland.

MY COAST WEAR
GRE-25
Kutterfahrten

**Unten:**
*Im Museumshafen von Carolinensiel. Er ist über 250 Jahre alt und war in der großen Zeit der Segelschifffahrt einer der bedeutendsten Häfen an der heutigen niedersächsischen Küste. Als Teil des Sielhafenmuseums ist er schwimmenden Oldtimern oder fachgerechten Nachbauten vorbehalten.*

**Rechts:**
*Rund um den Museumshafen von Carolinensiel liegt das „Deutsche Sielhafenmuseum" mit seinen vier historischen Ausstellungshäusern: Groot Hus, Kapitänshaus, Alte Pastorei und Alter Seenotrettungsschuppen.*

**Oben:**
*Der malerische kleine Hafenort Greetsiel konnte unter den ostfriesischen Sielorten sein Ortsbild mit den alten Fischerhäusern bis heute am besten bewahren.*

MARIANNE
JOHANNE

KODEN
GRE 13
13

***Linke Seite:***
*Zu den beliebtesten Fotomotiven von Greetsiel gehören natürlich die farbenfrohen Fischkutter im Hafen.*

***Ganz links:***
*An der frischen Seeluft mundet der ostfriesische Tee noch einmal so gut! – Auf der Terrasse des Café-Restaurants „Störmhuus“ in Neuharlingersiel.*

***Links:***
*Die bronzenen Skulpturen „Alt- und Jungfischer“ am Hafen von Neuharlingersiel schuf der Künstler Hans-Christian Petersen (* 1947) aus Esens. Sein Vater Wilhelm Petersen zeichnete in den 1950er-Jahren die „Mecki“-Figur.*

***Ganz links und links:***
*Alt und Jung genießen die wärmenden Sonnenstrahlen am Hafen von Neuharlingersiel.*

*Das Nordseebad Carolinensiel-Harlesiel bietet vielfältige Freizeitmöglichkeiten. Wer den Seewind liebt, kann ihn sich beim Kite-Surfen um die Nase wehen lassen, oder, beschaulicher, Drachen steigen lassen. Im Hintergrund sind der Leuchtturm und die Jugendherberge Westturm auf Wangerooge zu erkennen.*

*Am Strand bei Harlesiel. Der Strandkorb, der vor Sonne und Wind schützt, gilt als „typisch deutsches“ Möbelstück. Es gibt ihn seit über 125 Jahren. Den ersten konstruierte 1882 ein Rostocker Hof-Korbmachermeister für einen Badegast in Warnemünde.*

**Links oben:**
*Der Luftkurort Werdum liegt im Harlingerland östlich von Esens. Die St.-Nicolai-Kirche wurde 1327 erstmals geweiht.*

**Links Mitte:**
*Das Wasserschloss von Dornum, die sogenannte Norderburg, reicht bis ins 14. Jahrhundert zurück und wurde um 1700 zu einem prächtigen Barockschloss mit Park ausgebaut.*

***Links unten:***
*Innenraum der St.-Magnus-Kirche in Esens. Sie entstand um 1850. Ihre Orgel wurde von 1848 bis 1860 von dem ostfriesischen Meister Arnold Rohlfs gebaut und ist die größte Orgel Ostfrieslands aus dem 19. Jahrhundert.*

***Unten:***
*Blick vom Turm der St.-Magnus-Kirche in Esens, die 1848 als spätklassizistischer Backsteinbau errichtet wurde. Der Handels- und Marktort Esens war bereits im Mittelalter unweit der Küste gegründet worden und kam um 1600 durch Erbschaft an die Grafen von Ostfriesland.*

**Rechts:**
Vor dem Eingang des Hotels zur Linde in Spiekeroog steht dieser mächtige uralte Baum, dem es seinen Namen verdankt.

**Unten:**
In zentraler Lage direkt am Dorfplatz von Spiekeroog befindet sich das Restaurant und die Teestube „Teetied in't Witthuus" – „Teezeit im weißen Haus".

***Oben:***
*Die Alte Inselkirche auf Spiekeroog, erbaut 1696, ist die älteste Kirche Ostfrieslands. Ihre Renaissancekanzel ist mit plattdeutschen Bibelsprüchen bemalt.*

***Links:***
*Schafe am Deich auf Spiekeroog, der autofreien ostfriesischen Insel im niedersächsischen Wattenmeer, die mit etwas über 18 Quadratkilometern zwischen Langeoog und Wangerooge liegt.*

**Rechts:**
*Seehunde auf einer Sandbank vor Norderney. Mit etwas Glück kann man sie bereits von der Fähre aus beobachten.*

**Ganz rechts:**
*Zwischen Norddeich und Norderney verkehrt die Fähre mehrmals täglich. Die Überfahrt dauert eine knappe Stunde.*

**Rechts:**
*Auf Norderney ist der Autoverkehr eingeschränkt und es gilt ein Nachtfahrverbot. So erscheint es ratsam, das Auto auf dem Festland abzustellen.*

**Ganz rechts:**
*„MS Harle Echo“ bei Norderney, ein Schiff, das für Peilarbeiten in der Nord- und Ostsee eingesetzt wird.*

***Oben:***
*Der Westbadestrand von Norderney. Schon im Jahre 1797 wurde Norderney zur ersten „Königlich-Preußischen Seebadeanstalt“ an der deutschen Nordseeküste ernannt.*

***Links:***
*Auf der Überfahrt zu einer Nordseeinsel genießt so mancher Urlaubsgast schon mal eine Seefahrt – erst recht, wenn er sie in strahlendem Sonnenschein erlebt.*

***Rechts:***
*Reiter am Strand von Norderney. Ob Wandern, Segeln, Rad fahren oder Golf spielen – auf der Insel wird für jeden Geschmack etwas geboten.*

***Unten:***
*Am Strand von Spiekeroog. Die Ostfriesischen Inseln entstanden vor etwa 5000 Jahren aus vom Wind angewehten Sandbänken.*

**Oben:**
*Unendlichkeit … wo ließe sie sich besser ahnen als zwischen Himmel, Meer und Strand? Hier auf der Insel Spiekeroog.*

**Links:**
*Im Watt bei Norderney lauscht diese Gruppe den Ausführungen des Leiters. Wieder bewahrheitet sich: Es gibt kein schlechtes Wetter, nur die falsche Kleidung!*

***Oben:***
*„Die See war mein einziger Umgang – und ich habe nie einen besseren gehabt“, schrieb 1826 Heinrich Heine über Norderney. Am Strand darf man in Sonnenuntergängen schwelgen …*

***Rechts:***
*… oder man lässt sich in einer Strandbar mit Meeres- und Sonnenuntergangsblick verwöhnen – zum Beispiel mit einer lokalen Spezialität, dem Norderneyer Seeluftschinken.*

*„Blaue Stunde" in der Strandbar „Milchbar" auf Norderney. Theodor Fontane weilte 1882 und 1883 mehrere Wochen auf der Insel und befand: „Nachmittags drei, vier Stunden lang am Strande spazieren zu gehen oder zu sitzen, ist ein Genuß. Dazu kommt, daß mir die eingeborene Bevölkerung sympathisch ist ... Daß sie sich ihre Luft usw. gut bezahlen lassen, kann ich ihnen nicht verdenken."*

**Unten:**
*Ortsmitte von Norderney mit Inselhotel und Straßencafé. Das Nordseeheilbad verfügt über vier Badestrände. Heutzutage werden pro Jahr über 400 000 Besucher und Kurgäste gezählt.*

**Rechts oben:**
*Platz vor dem „Conversationshaus“, dem Kurhaus von Norderney (links im Bild). Es entstand 1840 im klassizistischen Stil am Kurplatz im Zentrum der Stadt.*

***Rechts Mitte:***
*Zahlreiche Biedermeierhäuschen und historische Bauten aus dem 19. Jahrhundert prägen das Ortsbild von Norderney.*

***Rechts unten:***
*Auf Norderney befindet sich die einzige Windmühle auf den Ostfriesischen Inseln. Sie wurde 1862 erbaut, trägt den Namen „Selden Rüst“ (Selten Rast) und beherbergt heute dieses stilvolle Restaurant.*

# Zwischen Meer und Mooren – Ostfriesland

Im äußersten Nordwesten Deutschlands, zwischen Meer und Mooren, liegt eine Region, deren Name anderswo für allerlei amüsante wie skurrile Besonderheiten steht: Ostfriesland. Das flache Land an der Küste erstreckt sich über gut 3000 Quadratkilometer; dazu gehören auch die ostfriesischen Inseln von Borkum bis Spiekeroog. Der Meerbusen Dollart trennt das niederländische West- vom deutschen Ostfriesland. Die großen Moore in ihrem Süden haben die Halbinsel Ostfriesland lange Zeit vom Binnenland abgeschieden und eine ziemlich eigenständige Entwicklung nehmen lassen. Geprägt ist dieses eher herb wirkende Land vom Jahrhunderte währenden Kampf gegen die Fluten der Nordsee. Vor etwa tausend Jahren begannen die Menschen hier, Warften und Deiche zu errichten, um sich vor dem Hochwasser zu schützen. Doch Sturmfluten kosteten immer wieder Tausende von Menschenleben. Die letzten Katastrophenfluten waren die Weihnachtsflut 1717 und die Februarflut 1825.
Den Ostfriesen sagt man einen selbstbewussten Charakter nach. Am „Upstalsboom“, einer mittelalterlichen Versammlungsstätte bei Aurich, trafen sie sich bis ins 13. Jahrhundert, um Recht zu sprechen und Beschlüsse zu fassen. Mit dem Wahlspruch „Eala Frya Fresena!“ bekräftigten sie ihre Freiheit; er ziert bis heute das ostfriesische Wappen: „Steht auf, ihr freien Friesen!“ Die Antwort darauf lautet im ostfriesischen Niederdeutsch: „Lever dood as Slaav!“ – „Lieber tot als Sklave!“
Neben Landwirtschaft und Fischerei spielte vor allem in den Städten der Seehandel eine wichtige Rolle. Schon um 1600 war der Hafen von Emden einer der bedeutendsten in Nordeuropa. Um 1770 hatte Ostfriesland rund 100 000 Einwohner. Manche Entwicklung fand hierzulande freilich später statt als anderswo, beispielsweise die Industrialisierung. Ob sich deswegen der Schriftsteller Ernst Moritz Arndt (1769–1860) so wenig wohlwollend über die Friesen äußerte? Er charakterisierte sie so: „Eigen ist ihnen, dass sie mit großer Eifersucht und dichter Geschlossenheit ihre Sitte, Art und Weise gegen fremden Eindrang zu verteidigen suchen. Durch diese Geschlossenheit in sich und die Abgeschlossenheit und Verschlossenheit gegen alles Fremde widerfährt den Friesen wohl, dass die Fremden sie nicht bloß für stolz, starr und eigensinnig, sondern wohl gar für dumm und beschränkt halten.“ Trotzdem gesellen sich zu den 465 000 Ostfriesen jedes Jahr gerne viele Tausend Urlauber, die die Weite und Stille dieser relativ dünn besiedelten Landschaft schätzen. Den Gast erwarten hier grüne Weiden und leuchtend gelbe Rapsfelder, Rad- und Wasserwege, Burgen, Windmühlen und Leuchttürme, sowie das Naturwunder Wattenmeer.
Hier grüßt man einander mit „Moin“, was keine Abkürzung für „Guten Morgen“ darstellt, sondern eher „einen schönen Tag“ bedeutet und deswegen den ganzen Tag über verwendet wird, selbst um Mitternacht. Gut die Hälfte der Ostfriesen spricht noch das ostfriesische Platt.

### Leidenschaft Teetrinken

Eine Leidenschaft der Ostfriesen ist das Teetrinken. 2,5 Kilo Tee konsumiert ein Ostfriese durchschnittlich im Jahr, das Zehnfache des deutschen Normalverbrauchs. Im 17. Jahrhundert hat man hier den Tee von den niederländischen und britischen Nachbarn kennen und schätzen gelernt, erst recht, wenn er durch einen Schuss Rum noch aufgewertet wird. Eine kleine Zeremonie begleitet den Genuss: In die kleine, dünne Porzellantasse gibt man ein „Kluntje“ Kandis, darauf wird sehr heiß der Tee gegossen, der den Zucker knistern lässt, und dann gehört noch „Room“ hinein: nicht Rum, sondern Rahm – oder manchmal auch beides. Umgerührt wird nicht! Drei Tassen sind Ostfriesenrecht, so lange darf der Besuch bleiben. „Ostfriesische Gemütlichkeit hält stets ein Tässchen Tee bereit.“
Zu den bekanntesten gebürtigen Ostfriesen zählen der Literaturnobelpreisträger von 1908 Rudolf Eucken (1846–1926), der Philosoph Hermann Lübbe (*1926) und der Journalist und Verleger Henri Nannen (1913–1996). Das Klischee der Ostfriesen bedienen die Komiker Karl Dall (*1941) und vor allem Otto Waalkes (*1948). Ihr Humor ist jedoch vielschichtiger als jener der platten Ostfriesenwitze, welche die Bewohner Ostfrieslands als einfältig und beschränkt karikieren. Nur einer passt ganz gut: „Warum lachen die Ostfriesen nicht über Ostfriesenwitze? – Weil sie schon alle kennen.“

**Links:**
*1626 führte Graf Rudolf Christian von Ostfriesland (1602–1628) das Wappen mit dem Wahlspruch „Auf, freie Friesen“ ein, das in sich die Wappen der wichtigsten ostfriesischen Häuptlingsfamilien vereint.*

**Oben:**
*Diese Karte Ostfrieslands wurde 1645 von dem aus Greetsiel stammenden Gelehrten Professor Ubbo Emmius gezeichnet.*

**Bilder rechts, von oben nach unten:**
*Der aus Aurich stammende Rudolf Christoph Eucken (1846–1926) erhielt 1908 den Nobelpreis für Literatur.*

*Der Theologe, Historiker, Pädagoge und Gründungsrektor der Universität Groningen Ubbo Emmius (1547–1625) verfasste die „Sechzig Bücher der friesischen Geschichte“.*

*Wolfgang Petersen, geboren 1941 in Emden, ist Regisseur und Filmproduzent. Berühmt wurde er vor allem durch die „Tatort“-Folge „Reifezeugnis“ (1977), durch „Das Boot“ (1981) und „Die unendliche Geschichte“ (1984).*

*Ein Ostfriese par excellence ist der 1941 in Emden geborene Komödiant Karl Dall.*

***Rechts:***
*Schloss Jever wurde im 16. Jahrhundert im Stil der Renaissance umgebaut. Es ist das bedeutendste profane Bauwerk der Stadt. Seit 1921 befindet sich im Schloss das Schlossmuseum mit Exponaten zur Kulturgeschichte des Jeverlandes.*

***Ganz rechts:***
*Turm der evangelischen Stadtkirche zu Jever. Sie steht seit 1964 an Stelle des 1959 abgebrannten Vorgängerbaus.*

***Unten:***
*Die Altstadt von Jever verführt zum Einkaufs- und Kneipenbummel – bei dem man natürlich vom hier gebrauten Bier einen Probeschluck nehmen sollte.*

**Oben:**
*Die nach ihrer Herkunftsstadt benannte Biermarke wird vom Friesischen Brauhaus zu Jever seit 1848 gebraut. In dessen 32 Meter hohen, verspiegelten Türmen befinden sich Tanks, in denen das Jungbier drei bis vier Wochen bei -1° C gelagert wird.*

**Links:**
*Südwestlich von Jever liegt die Ortschaft Reepsholt. Die St.-Mauritius-Kirche wurde um 1200 erbaut, der frühgotische Chor (im Bild) stammt vom Ende des 13. Jahrhunderts.*

**Oben:**
*Ein Wahrzeichen Aurichs ist das „Pingelhus". Es entstand um 1800 und hat seinen Namen von dem plattdeutschen Wort „Pingeln", was „Klingeln" bedeutet. Immer zehn Minuten vor Abfahrt des Fahrgastschiffes nach Emden wurde hier „gepingelt".*

**Rechts:**
*Das Verwaltungsgebäude der Ostfriesischen Landschaft in Aurich wurde zwischen 1898 und 1901 im Stil der Neorenaissance erbaut. „Landschaft" ist hier die Bezeichnung für einen höheren Kommunalverband.*

**Oben:**
*Die St.-Mauritius-Kirche in Reepsholt. Ihr Kirchturm wurde 1474 bei einer Belagerung zerstört; die Turmruine ist seitdem das Wahrzeichen des Ortes.*

**Links:**
*In der Fußgängerzone von Aurich. Während des Zweiten Weltkrieges blieb die Stadt von größeren Luftangriffen verschont, sodass zahlreiche historische Gebäude das Stadtbild prägen.*

**_Links oben:_**
*Die „Friederike“, der Nachbau einer hölzernen Brigg, ist Teil des Schifffahrt-Freilichtmuseums in Papenburg und liegt im Hauptkanal direkt vor dem Rathaus. Sie ist begehbar und dient als Nebenstelle der Tourist-Information.*

**_Links Mitte:_**
*Der Werftstandort Papenburg wird von Kanälen durchzogen. Ursprünglich wurden sie angelegt, um*

Torf abzutransportieren. Auf einigen schwimmen heute Nachbauten von traditionellen Schiffen.

***Links unten:***
*Urlauber im Hafen von Leer. Das Schiff im Hintergrund, die MS „Emsstrom“, dient als Ausbildungsstätte für Seeleute.*

***Unten:***
*Leer, die drittgrößte Stadt Ostfrieslands nach Emden und Aurich, besitzt eine sehenswerte historische Altstadt. In der Bildmitte die Alte Waage, daneben das 1894 im Stil der niederländischen Renaissance erbaute Rathaus.*

***Linke Seite:***
*Schloss Oldenburg ist die ehemalige Residenz der Grafen, Herzöge und Großherzöge von Oldenburg. Heute befindet sich hier ein Museum für Kunst und Kulturgeschichte.*

*Am Paradewall der ehemaligen Residenzstadt Oldenburg. Einst verlief hier ein Teil der Stadtbefestigung. 1791, nach deren Abtragung, entstand hier eine Grünanlage.*

*Die Bergstraße ist eine der schönsten Altstadtgassen der Fußgängerzone im Oldenburger Nikolaiviertel. Viele kleine Geschäfte und Lokale laden zu einem Bummel ein.*

***Oben:***
*Das Wasserschloss Dankern bei Haren an der Ems blickt auf eine über 500-jährige Geschichte zurück. Seine heutige Gestalt erhielt es in den Jahren 1890 bis 1894.*

***Rechts:***
*Auf Gut Altenkamp südwestlich von Papenburg werden Ausstellungen der Stiftung Preußischer Kulturbesitz präsentiert. Außerdem finden in den barocken Gartenanlagen Konzerte und andere öffentliche Veranstaltungen statt.*

**Links:**
*Das Jagdschloss Clemenswerth bei Sögel im Emsland wurde von 1737 bis 1747 nach Plänen des Barockarchitekten Johann Conrad Schlaun (1695–1773) für Kurfürst Clemens August I. von Bayern erbaut.*

**Unten:**
*Im Schlossgarten von Clemenswerth findet alljährlich im August das „Kleine Fest im großen Park“ statt, mit Akrobaten, Komödianten, Kabarettisten und Musikanten.*

***Oben:***
*Haselünne liegt an der Hase, einem rechten Nebenfluss der Ems. Hier gibt es ein Freilichtmuseum mit einem Ensemble traditioneller Fachwerkhäuser, darunter eine Zehntscheune, ein Backhaus, eine Dorfschmiede und eine Kapelle.*

***Rechts:***
*Die Hüvener Mühle ist die letzte komplett erhaltene kombinierte Wind- und Wassermühle Europas. Von 2004 bis 2006 wurde sie aufwändig restauriert. Seither wird hier auch wieder regelmäßig Korn gemahlen.*

**Oben:**
*Klostergarten im ehemaligen Zisterzienserinnenkloster Stift Börstel nördlich von Osnabrück. Es wurde Mitte des 13. Jahrhunderts gegründet und ist heute ein evangelisches Damenstift.*

**Links:**
*Aus dem 13. Jahrhundert stammt auch die ehemalige Klosterkirche St. Marien des Stiftes Börstel. Der Kirche angegliedert ist dieser Kreuzgang, von welchem der Süd- und Ostflügel erhalten sind.*

***Oben:***
*Das Artland im Landkreis Osnabrück ist reich an jahrhundertealten Fachwerkbauernhäusern. Viele liegen inmitten kleiner Wäldchen; über hundert dieser Höfe stehen unter Denkmalschutz.*

***Rechts:***
*Bauernhof bei Berge im Osnabrücker Land. Die sanfte parkähnliche Landschaft ist ein Paradies für Radwanderer.*

**Links:**
*Kornfeld bei einem Artlandhof unter alten Bäumen. Das fruchtbare Artland entwickelte sich im Laufe der Jahrhunderte zu einer Kornkammer. Prächtige Bauernhöfe zeugen vom Wohlstand ihrer Besitzer.*

**Unten:**
*Zahlreiche Alleen durchziehen das Artland zwischen Quakenbrück, Badbergen, Nortrup und Menslage.*

*Das 1934 gegründete Niedersächsische Freilichtmuseum, das Museumsdorf Cloppenburg, gilt als das älteste Freilichtmuseum Deutschlands. Über 50 historische Gebäude vom 16. bis zum 19. Jahrhundert wurden hier wieder errichtet, darunter eine Kappenwindmühle (oben) und ein „Rauchhaus“, in dem Menschen und Vieh zusammen lebten und eine offene Feuerstätte den Raum nur mäßig erwärmen konnte (rechts).*

***Oben:***
*Das malerische Restaurant Neumühle liegt nordöstlich von Visbek im Oldenburger Münsterland. Von der Terrasse hat man einen herrlichen Ausblick auf den Mühlensee.*

***Links:***
*„Heidenopfertisch" wurde dieses nordwestlich von Visbek liegende Großsteingrab im 19. Jahrhundert genannt. Damals glaubte man, dass durch eine Rinne auf der Deckplatte das Blut der Opfer geflossen sei. Heute weiß man, dass es sich „nur" um ein Steinzeitgrabmal handelt.*

*Die Innenstadt von Osnabrück wartet mit einer Fülle sehenswerter Bauwerke auf. Die gotische Marienkirche entstand zwischen dem 10. und dem 15. Jahrhundert und bildet eine architektonische Einheit mit dem Rathaus und der Stadtwaage.*

Wahrzeichen der „Friedensstadt" Osnabrück ist das zwischen 1487 und 1512 erbaute spätgotische Rathaus. Im Jahre 1648 wurde hier und im Rathaus der Stadt Münster von den Kriegsparteien des Dreißigjährigen Krieges der Westfälische Friede ausgehandelt und unterzeichnet.

Das Heger Tor in Osnabrück wurde 1817 errichtet und erinnert an die Osnabrücker Soldaten von der „King's German Legion", die 1815 in der Schlacht bei Waterloo kämpften. Auf dem Tor befindet sich eine Aussichtsplattform.

*Osnabrücker Altstadtgasse in der Nähe des Heger Tors. Zahlreiche Cafés und Kneipen laden hier zum Verweilen ein. In Osnabrück wurde der Schriftsteller Erich Maria Remarque (1898–1970) geboren.*

*Beim Heger Tor, auf der historischen Stadtbefestigung von Osnabrück, befindet sich dieses Gartenlokal.*

***Rechte Seite:***
*Die Marienstraße in der Altstadt von Osnabrück. Der größte Teil der ursprünglichen Bauten ist 1944 durch Luftangriffe zerstört worden. Um wieder ein historisches Stadtbild zu schaffen, wurden Fachwerkhäuser aus der Umgebung demontiert und hier originalgetreu wieder zusammengesetzt, zum Beispiel das „Haus Bramsche“ von 1692, das heute ein Restaurant beherbergt.*

Weinkrüger

# Zwischen Elbe und Weser: Von Cuxhaven in die Lüneburger Heide

*Heideblüte im Naturpark Südheide. Rund 525 Hektar Heideflächen sind hier fast ausschließlich mit der rosa bis purpurn blühenden Besenheide (Calluna vulgaris) bewachsen.*

An der Mündung der Elbe liegt die Hafenstadt Cuxhaven. Hier kommen vor allem Freunde der Seefahrt auf ihre Kosten, mit zahlreichen Museen und nautischen Sehenswürdigkeiten. Das Alte Land, ein Teil der Elbmarsch, ist mit über zehn Millionen Obstbäumen Deutschlands größtes Obstanbaugebiet. Im Frühjahr bildet diese Landschaft ein Meer von weißen und rosa Blüten. Das flache Land ist ein „Fahrradies", denn keine anstrengenden Steigungen erschweren die Tour.

Zwischen Stade und Bremen verkehrt der „Moorexpress". Dieser nostalgische Schienenbus gewährt ungewöhnliche Einblicke in die Landschaft des Teufelsmoors. Auf verschiedenen Sonderfahrten kann man Kultur und Gaumenfreuden der Region kennen lernen. Eine Station an der Strecke ist das Künstlerdorf Worpswede, für Kulturinteressierte ebenso attraktiv wie für Erholungssuchende.

Von Minden und Hannover im Süden bis Bremen im Norden erstreckt sich die Ferienregion Mittelweser, eine beschauliche Flusslandschaft mit einer langen Bau- und Kunstgeschichte. In keiner anderen europäischen Region wurden so viele Renaissancebauten errichtet wie im Wesergebiet – man spricht daher von der „Weserrenaissance". Zwischen der Weser und Hannover liegt das Steinhuder Meer, der größte Binnensee Nordwestdeutschlands, und nicht weit davon das ehemalige Zisterzienserkloster Loccum, das bis in die spätromanische Zeit zurückreicht.

Lüneburg gehört zu den wenigen Städten Norddeutschlands, die ihren historischen Kern unzerstört durch den Zweiten Weltkrieg retten konnten. Man nennt es darum auch das „Rothenburg des Nordens". Die einzigartige Landschaft der Lüneburger Heide ist das ganze Jahr über schön, nicht nur im August und September, wenn die Besenheide rotviolett blüht. Eine besonders schöne Altstadt mit fast fünfhundert restaurierten Fachwerkhäusern besitzt Celle am Rand der Lüneburger Heide.

**Unten:**
Bauernhof im Alten Land, einem Teil der Elbmarsch südwestlich von Hamburg. Typisch für das größte zusammenhängende Obstanbaugebiet Mitteleuropas sind die reich verzierten Fachwerkhäuser.

**Rechts oben:**
Häufig besteht die Ausfachung des Fachwerks aus unverputzten Ziegelsteinen, die einen reizvollen Kontrast zu den weiß gestrichenen Balken bilden. Die Häuser sind oft mit Reet gedeckt; viele stehen unter Denkmalschutz.

**Rechts Mitte:** „Prunkpforte“ eines Altländer Hofs. Solche geschnitzten, bemalten und mit Sprüchen versehenen Torbögen sind eine Besonderheit des Alten Landes. Um eine solche Pforte errichten zu dürfen, musste ein Betrieb früher mindestens 25 Hektar bewirtschaften.

**Rechts unten:** Der Wohlstand seiner Bewohner ist diesem Haus anzusehen. Die Ziegelsteine der Ausfachung sind in kunstvollen Mustern angeordnet.

**Oben:**
*Das Herz des Alten Landes ist die Gemeinde Jork. Mit seinen stolzen Fachwerkhäusern ist der Ort nicht nur zur Zeit der Obstblüte sehenswert.*

**Rechts:**
*Im Ortskern von Jork. Prominente wählten diesen malerischen Ort für ihre Hochzeit, zum Beispiel 1776 der Dichter der Aufklärung Gotthold Ephraim Lessing – aber auch der ostfriesische Komödiant Otto Waalkes.*

*Die Martinskirche in Cuxhaven-Ritzebüttel wurde von 1816 bis 1819 zunächst als schlichte klassizistische Bethalle errichtet, bevor im Jahre 1883 der markante Turm dazukam. Vom 13. Jahrhundert bis 1937 gehörte das an der Mündung der Elbe in die Nordsee liegende Cuxhaven zu Hamburg.*

AHRENSHOOP
TAPAO
TAPAO
Heute

WILLI
WILLI

*Am Standort des Stader Salzkrans von 1661 wurde am Hansehafen 1977 wieder ein Tretkran nach Lüneburger Vorbild errichtet. Der ursprüngliche war 1898 abgerissen worden.*

**Seite 74/75:**
*Der Hansehafen der alten Hansestadt Stade. Mitte der 1970er-Jahre erwog der Stadtrat, den Hansehafen zuzuschütten und an dessen Stelle einen Parkplatz anzulegen – was zum Glück unterblieb.*

*Zu den Sehenswürdigkeiten von Stade zählt die gesamte Altstadt mit ihren malerischen Fachwerkhäusern, von denen die meisten aus der Zeit nach dem Stadtbrand von 1659 stammen.*

*Das Hahnentor in der Altstadt von Stade stammt aus dem Jahre 1658 und ist ein überbauter Tordurchgang zur Kalkmühlenstraße.*

***Links oben:***
*Worpswede liegt nordöstlich von Bremen mitten im Teufelsmoor und ist bekannt für die 1889 gegründete Künstlerkolonie Worpswede. Hier das Café Central an der Bergstraße.*

***Links Mitte:***
*Der Künstler Heinrich Vogeler erbaute sich diese Villa. Das unter Denkmalschutz stehende Gebäude beherbergt heute ein Senioren- und Pflegeheim.*

***Links unten:***
*Das „Kaffee Worpswede", im Volksmund auch „Kaffee Verrückt" genannt, ist ein expressionistischer Bau am Fuße des Weyerbergs. Er dient seit 1925 als Café und Restaurant.*

***Unten:***
*Der Barkenhoff, ursprünglich ein Bauernhof, wurde 1895 von Heinrich Vogeler erworben und im Jugendstil umgebaut. Bald wurde er zum Mittelpunkt der Worpsweder Künstlerkolonie.*

# Künstlerkolonie im Teufelsmoor – Worpswede

Nordöstlich von Bremen, mitten im Teufelsmoor, liegt die Ortschaft Worpswede zu Füßen des Weyerbergs, einer sanft gerundeten bewaldeten Sanddüne von 54,4 Metern Höhe. Genau dies bedeutet der Name „Worps-wede": „Hügel, bewaldet". Gegen Ende des 19. Jahrhunderts war es ein kleines Dorf; heute hat es rund 10 000 Einwohner.

Ab 1884 kam ein Student der Düsseldorfer Kunstakademie, Fritz Mackensen (1866–1953), in den Sommermonaten zum Malen hierher und brachte bald seinen Kollegen Otto Modersohn (1865–1943) mit. Wie viele Künstler ihrer Zeit zog es sie hinaus aus der Stadt in die freie Natur, zum Licht, zu ländlichen Motiven und bäuerlicher Idylle.

Die Aufforderung Otto Modersohns: „Fort mit den Akademien (...) Die Natur ist unsere Lehrerin, und danach müssen wir handeln", setzten die jungen Künstler ab 1889 in die Tat um; sie kehrten nicht nach Düsseldorf zurück, sondern blieben in Worpswede. Zu ihnen gesellte sich der Maler und Radierer Hans am Ende (1864–1918), der in München und Karlsruhe studiert hatte. Die drei gründeten eine Künstlerkolonie.

Bald gesellten sich zu ihnen weitere Künstler, wie Fritz Overbeck, Carl Vinnen, Bernhard Hoetger oder Heinrich Vogeler. Vogeler erwarb 1895 in Worpswede einen ehemaligen Bauernhof, den Barkenhoff (nds. für „Birkenhof"), und ließ ihn in den folgenden Jahren im Jugendstil umbauen. Der Barkenhoff wurde zum Mittelpunkt der Künstlerkolonie.

### Paula Modersohn-Becker

Als herausragende Persönlichkeit dieses Kreises gilt Paula Modersohn-Becker (1876–1907). 1876 in Dresden geboren, sah Paula Becker 1893 zum ersten Mal Bilder der Worpsweder Künstler. Der Zugang zu einer Kunstakademie war ihr als Frau verwehrt. 1896 besuchte sie in Berlin eine angesehene Malschule, an der elf Jahre zuvor Käthe Kollwitz ihre Ausbildung begonnen hatte. 1897 lernte sie bei einem Familienausflug Worpswede kennen. Der Ort und seine Künstlerkolonie beeindruckten sie tief. „Worpswede, Worpswede, Worpswede ... es ist ein Wunderland", notierte die junge Frau begeistert in ihr Tagebuch. Im Herbst 1898 kam sie wieder, um bei Fritz Mackensen Unterricht zu nehmen. Sie reiste in den Folgejahren mehrmals nach Paris, erlebte dort die Werke Cézannes, van Goghs und Gauguins und ließ sich von ihnen inspirieren.

1901 ehelichte Paula den verwitweten Otto Modersohn. Ihre Freundin, die Bildhauerin Clara Westhoff, heiratete im selben Jahr den Dichter Rainer Maria Rilke, der 1900 zu einem längeren Besuch bei Heinrich Vogeler nach Worpswede gekommen war. In der „gefühlsschwangeren, dumpfbodenseligen Insichgekehrtheit der Worpsweder Malerkolonie" – so der Kunsthistoriker Eberhard Roters – entwickelte Paula Modersohn-Becker ihren ganz eigenen, expressionistischen Stil. Ein Gönner der Worpsweder Maler, der Bremer Kaffee-Magnat Ludwig Roselius, nannte sie eine „Malerin der Wahrheit". Aus dem konventionellen Rahmen der Worpsweder Malerei ragte für ihn Paula Modersohn-Becker um Haupteslänge heraus, „maßstabslos erhob sie sich als Genie über die Talentierten".

1907 erfüllte sich ihr größter Wunsch: Sie wurde endlich schwanger. Am 2. November brachte sie ihre Tochter Mathilde (gest. 1998) zur Welt. Der Arzt verordnete ihr Bettruhe. Am 20. November verstarb sie, erst 31 Jahre alt, an einer Embolie. Ihre letzten Worte überlieferte Otto Modersohn: „Wie schade."

Rund 750 Gemälde und 1000 Zeichnungen hat Paula Modersohn-Becker hinterlassen. Eine Auswahl ist in der Ausstellung „Große Kunstschau Worpswede" zu sehen, wie auch Werke anderer Meister der ersten Worpsweder Künstlergeneration. Es lohnt sich aber auch, Ausstellungen zeitgenössischer Künstler zu besichtigen, für die Worpswede auch heute noch eine berühmte Adresse darstellt. Kunst und Natur, Kultur und Landschaft verbinden sich hier zu einem einzigartigen Gesamtkunstwerk. Den Zauber Worpswedes fasste einmal Rainer Maria Rilke in Worte: „Und da lagen nun vor den jungen Leuten, die gekommen waren, um sich zu finden, die vielen Rätsel dieses Landes. Die Birkenbäume, die Moorhütten, die Heideflächen, die Menschen, die Abende und die Tage, von denen nicht zwei einander gleich sind, und in denen auch nicht zwei Stunden sind, die man verwechseln könnte. Und da gingen sie nun daran, diese Rätsel zu lieben."

***Links:***
*Das Modersohn-Haus gehörte von 1898 bis 1921 Otto Modersohn.*

***Oben:***
*Hier stellt die Worpsweder Malerin Traute Bode aus; sie ist auf Blumen und Landschaften spezialisiert.*

***Rechts oben:***
*Heinrich Vogeler war Grafiker, Maler, Architekt, Schriftsteller und Sozialist. Das Foto stammt von 1897.*

***Rechts Mitte:***
*Rainer Maria Rilke wurde 1906 so von Paula Modersohn-Becker porträtiert.*

***Rechts:***
*Die vielleicht wichtigste Künstlerpersönlichkeit von Worpswede war Paula Modersohn-Becker, die sich hier in einem Selbstporträt von 1906 dargestellt hat.*

***Rechts:***
*Das Rathaus von Verden. Sehenswert sind die Altstadt, das Pferdemuseum am Holzmarkt, und das einzige John Lennon gewidmete Denkmal in Deutschland, errichtet zur Erinnerung an die Dreharbeiten zu dem Film „Wie ich den Krieg gewann". Einige Szenen wurden in der Verdener Altstadt gedreht.*

***Ganz rechts:***
*Am Lugenstein in Verden: Das ehemalige Dormitorium am Dom, das im 16. Jahrhundert die Renaissance-Giebelwand erhielt, war später Schulgebäude.*

***Oben:***
*Blick über die Allerauen auf Verden. Die Stadt liegt an der Aller vor deren Mündung in die Weser. Als Zentrum der Pferdezucht und des Pferdesports trägt sie den Beinamen „Reiterstadt".*

***Links:***
*In der Strukturstraße 7 in Verden steht eines der schönsten Renaissance-Fachwerkhäuser Niedersachsens, erbaut 1577, reich verziert mit Fächerrosetten, und im Sommer 2004 von Grund auf saniert.*

**Linke Seite:**
*Kloster Wienhausen ist ein ehemals zisterziensisches, seit der Reformation evangelisches Frauenkloster aus dem 13. Jahrhundert. Sein sehenswerter Kreuzgang ist ein Juwel der Backsteingotik.*

*Schloss Celle war eine der Residenzen des Hauses Braunschweig-Lüneburg. Erbaut wurde es überwiegend in der Renaissance. Die vierflügelige Anlage ist das größte Schloss in der Region. Umgeben ist es von einem Landschaftsgarten, der im 19. Jahrhundert angelegt wurde.*

*Die Klostergebäude in Wienhausen stammen aus dem 16. Jahrhundert. Die Anlage ist teilweise öffentlich zugänglich und Veranstaltungsort für Konzerte und Ausstellungen.*

**Rechts:**
*Celle besitzt eine reiche Fachwerkaltstadt mit rund 480 restaurierten Fachwerkhäusern. Besonders schöne finden sich in der Kalandgasse und in der Zöllnerstraße. Diese hier stehen an der Straße Am Heiligen Kreuz.*

**Rechts:**
*Vor diesem Fachwerkhaus Am Heiligen Kreuz 30 lädt ein Straßencafé zur Pause vom Stadtbummel ein.*

**Ganz rechts:**
*An dieser Stelle in der Altstadt von Celle reichte der Platz nur für ein halbes Haus!*

**Rechte Seite:**
*Fachwerkhäuser in der Fußgängerzone von Celle. Die Innenstadt trug im Zweiten Weltkrieg nur wenige Schäden davon.*

SCHWEINE-SCHULZE
Zapfhahn
ANTIK
GOLD
KIRSCH
Kloster
Andech
seit 14
vom

***Links oben:***
*Impressionen aus der Lüneburger Heide: Die prägende Pflanzenart der Landschaft ist die Besenheide (Calluna vulgaris).*

***Links Mitte:***
*Daneben gehört der Heide-Wacholder (Juniperus communis) zur typischen Heidelandschaft, da er vom Vieh nicht verbissen wird.*

***Links unten:***
*Dazwischen in leuchtendem Gelb: die Blüten des Echten Leinkrauts (Linara vulgaris).*

***Unten:***
*Naturpark am Totengrund bei Wilsede. 1907 wurde der Totengrund, ein weites, mit Wacholder bestandenes Heidetal, zur Keimzelle des heutigen Naturschutzgebietes.*

**Oben:**
*In der Lüneburger Heide gibt es zahlreiche Möglichkeiten zum Einkehren. Hier in Kaap's Restaurant im Sahrendorfe 14, drei Kilometer östlich von Undeloh.*

**Rechts:**
*Der größte Teil des Naturschutzgebietes Lüneburger Heide (etwa 58 Prozent) besteht hauptsächlich aus Kiefernforsten, die in der zweiten Hälfte des 19. Jahrhunderts gepflanzt wurden.*

***Oben:***
*Blühende Heidelandschaft im Naturpark Südheide. Er ist seit 1964 als ein schutzwürdiger deutscher Naturpark ausgewiesen.*

***Links:***
*Der größte Waldbrand in der Geschichte der Bundesrepublik war ein Brand in der Lüneburger Heide 1975. Er betraf auch das Gebiet des Naturparks Südheide. Hier waren etwa 6000 Hektar Wald-, Moor- und Heideland verbrannt.*

# Die Lüneburger Heide und ihre Heidschnucken

„Hinaus aus der Stadt! Und da dehnt sie sich, / Die Heide, nebelnd, gespenstiglich, / Die Winde darüber sausend, / Ach, wär' hier ein Schritt, wie tausend!", reimte einst Friedrich Hebbel (1813–1863) in seinem Gedicht vom „Heideknaben". Auch wenn die Heide heute wohl niemanden mehr in Angst versetzt, sie fasziniert durch ihre Andersartigkeit. Die Lüneburger Heide ist eine Landschaft des Norddeutschen Tieflands, im Nordosten Niedersachsens gelegen. Sie erstreckt sich zwischen Unterelbe und Aller, und bildet mit ihren mehr als 7000 Quadratkilometern das größte zusammenhängende Heidegebiet Mitteleuropas. Eine Landschaft wie diese bedeckte bis etwa zum Jahr 1800 weite Teile Norddeutschlands. Nach dem Ende der letzten Eiszeit vor rund zehntausend Jahren waren auf dem Gebiet der heutigen Lüneburger Heide erste Wälder entstanden. Vor etwa fünftausend Jahren wurden die Menschen hier als Ackerbauern und Viehzüchter sesshaft. Sie rodeten die Wälder und nutzten die frei gewordenen Flächen als Weideland oder zum Anbau von Getreide.

Die Schafe hielten die nachwachsenden Bäume kurz, sodass sich bald nur noch Pflanzenarten halten konnten, die der Beweidung widerstanden, wie Heidekraut, Ginster, Wacholder, Heidelbeeren oder Gräser. Die Heide ist also nicht auf natürlichem Wege entstanden, sondern eine durch den Menschen geprägte Kulturlandschaft. Der Mensch veränderte sie erneut, indem er ab dem 19. Jahrhundert weite Teile wieder mit Kiefern und Fichten aufforstete.

Heute bietet sich dem Besucher eine außergewöhnliche Landschaft aus Wäldern (rund 60 Prozent), Heiden (rund 20 Prozent), Mooren und kleinen Flüssen dar. Die höchste Erhebung der Lüneburger Heide ist mit 169 Metern der Wilseder Berg. An seinem Westhang entspringt die 118 Kilometer lange Wümme. Vier große Naturparks und mehrere Naturschutzgebiete sollen die einzigartige Heidelandschaft bewahren, in der sich auch seltene Vögel heimisch fühlen, wie das Birkhuhn, der Ziegenmelker oder die Heidelerche.

### Schwarz-graue Landschaftspfleger

Hilfreich beim Erhalt und der Pflege der Heidelandschaft sind die Heidschnucken, eine Gruppe von mindestens sieben verschiedenen Schafsrassen, die auch in Schweden, der Bretagne und dem ehemaligen Ostpreußen vorkommen. Sie sind genügsam und leicht zu halten, ernähren sich hauptsächlich von den einfachen Heidepflanzen und benötigen nur eine Zufütterung von Getreide, Raps, Rüben oder Kartoffeln. Kopf, Beine und Schwanz der Tiere sind schwarz, die Wolle grau. Die Lämmer werden schwarz geboren und nehmen erst im zweiten Lebensjahr die typische Färbung an. Beide Geschlechter tragen Hörner; ein Bock kann bis zu 90 Kilo auf die Waage bringen, ein Muttertier rund 55 Kilo.

In der Mitte des 19. Jahrhunderts hielt man bis zu 380 000 Heidschnucken im damaligen Fürstentum Lüneburg. Man nutzte den Dung, das Fleisch und die Wolle. Für Bekleidung ist die lange, strähnige Wolle zu grob; sie wird jedoch zur Teppichherstellung verwendet. Die Fleischleistung gilt als gering; der Geschmack des Fleisches erinnert an Wild. Gegenwärtig werden über 10 000 Heidschnucken auf der Heide gehalten. Ihren großen Auftritt haben die Schafe beim alljährlichen Heidschnuckentag am zweiten Donnerstag im Juli, veranstaltet im Ort Müden an der Örtze im Landkreis Celle. Ganzjährig lädt das Freilicht-Heidemuseum in Walsrode ein, die Lebens- und Arbeitsbedingungen der Heidebewohner früherer Tage zu studieren.

Walsrode war auch die Wahlheimat des „Heidedichters" Hermann Löns (1866–1914). Sein Gedicht „Auf der Lüneburger Heide / In dem wunderschönen Land / Ging ich auf und ging ich nieder / Allerlei am Weg ich fand" erlangte über die Region hinaus Bekanntheit durch Gesangsvereine und Heimatfilme. In Walsrode und der näheren Umgebung gibt es mehrere Gedenkstätten für ihn.

Das Naturschutzgebiet Lüneburger Heide wird pro Jahr von mehr als vier Millionen Besuchern aufgesucht. Den Höhepunkt bildet die Heideblüte zwischen Anfang August und Mitte September, wenn das spröde Kraut, das man früher zu Besen band, die Landschaft mit einem rotlila Teppich überzieht. Dann ziehen Wanderer und Radfahrer, Planwagen und Kutschen durch die Heide, über der der herbsüße Duft sonnenwarmer Blüten liegt.

***Links:***
*Sinfonie in Grün – Wacholderheide im Naturpark Südheide. Die immergrünen Sträucher bevorzugen trockene Böden.*

***Oben:***
*Heidschnuckenherde im Herbst. Mittlerweile werden diese leicht zu haltenden Schafe in ganz Europa gezüchtet. Sie stammen wahrscheinlich von den auf Sardinien und Korsika lebenden Mufflons ab.*

**Rechts oben:**
Blick vom Wilseder Berg auf die blühende Wacholderheide. Der für die Heide typische Wacholder gehört zur Familie der Zypressen.

**Rechts Mitte:**
Im Winter wärmt ihre lange, strähnige Wolle die Schafe. Für die Herstellung von Kleidung ist sie allerdings zu grob.

**Rechts:**
Eine Herde Heidschnucken im Sommer an einem Kiefernforst. „Von der Lüneburger Heidschnucke" ist in Europa als Ursprungsbezeichnung für Fleisch gesetzlich geschützt.

**Rechts:**
*Gauß-Stein auf dem Wilseder Berg. Diese Vermessungspunkte gehen auf den Wissenschaftler und Landvermesser Carl Friedrich Gauß (1777–1855) zurück, der im Auftrag von König Georg IV. das Königreich Hannover vermaß. Der Wilseder Berg ist die höchste Erhebung im Norddeutschen Tiefland.*

**Ganz rechts:**
*Dem „Heidedichter“ Hermann Löns ist der Gedenkstein auf dem Wietzer Berg bei Müden (Örtze) gewidmet.*

**Unten:**
*Auf dem Rücken eines Pferdes lässt sich die verwunschene Landschaft der Lüneburger Heide besonders gut erkunden – hier am Wietzer Berg.*

***Oben:***
*Mit der Pferdekutsche durch die blühende Heide. Das Naturschutzgebiet ist zum Schutz der Landschaft weitgehend autofrei. Auch das Reiten ist nur auf einigen speziell gekennzeichneten Wegen gestattet.*

***Links und ganz links:***
*Damit der Wanderer oder Reiter sich nicht verirrt: Wegweiser am Wietzer Berg (ganz links) und bei Wilsede (links) zeigen die Richtung.*

**Oben:**
*Das größte Moor der Lüneburger Heide ist das Pietzmoor östlich von Schneverdingen. Bis in die 1960er-Jahre wurde dort Torf abgebaut.*

**Rechts:**
*„Meine Augen, die gehen wohl hin und her / Auf dem schwarzen, weißflockigen Moor, / Auf dem braunen, grünschimmernden Heidemeer / Und schweben zum Himmel empor.“ (Hermann Löns)*

***Oben:***
*Undeloh ist ein beliebter Heide-Ausflugsort, vor allem für den Großraum Hamburg. Die Magdalenenkirche ist eine der ältesten typischen Heidekirchen und reicht ins 13. Jahrhundert zurück.*

***Links:***
*Bei Oldendorf südwestlich von Lüneburg fand man mehrere solcher Grabanlagen aus der Jungsteinzeit (ab ca. 4500 Jahre vor Christus).*

***Links:***
*Blick über die Dächer der Altstadt von Lüneburg. Im Mittelalter kam die Hansestadt durch das Salz aus ihrer Saline zu Wohlstand. Zwanzigtausend Tonnen des „weißen Goldes“ wurden alljährlich von Lüneburg in alle Welt transportiert.*

***Oben:***
*Die Kirche St. Johannis am Sande in Lüneburg mit ihrem 108,71 Meter hohen, leicht krummen Turm ist die älteste Kirche der Stadt. Die fünfschiffige gotische Hallenkirche wurde zwischen 1289 und 1470 erbaut.*

***Oben:***
*Der Rathausgarten in der Altstadt von Lüneburg. Der historische Stadtkern überstand den Zweiten Weltkrieg nahezu unzerstört.*

***Rechts:***
*Fachwerkhäuser in Lüneburg. Heinrich Heine, dessen Eltern von 1822 bis 1826 in Lüneburg lebten, nannte es seine „Residenz der Langeweile“.*

***Oben:***
*Häuser in der Lüneburger Altstadtgasse Auf dem Meere; im Hintergrund die Kirche St. Michaelis. Hier wirkte der junge Johann Sebastian Bach von 1700 bis 1702 als Chorknabe.*

***Links:***
*Die Lüner Mühle und die Abtsmühle im historischen Hafenviertel von Lüneburg stammen beide aus dem 16. Jahrhundert. Bis ins 20. Jahrhundert wurde hier Getreide gemahlen.*

Schloss Marienburg bei Nordstemmen westlich von Hildesheim war der Sitz des letzten Königs von Hannover. Der blinde König Georg V. schenkte es seiner Frau Königin Marie im Jahre 1857 zum Geburtstag. Schloss Marienburg wurde von 1857 bis 1867 von Conrad Wilhelm Hase im neugotischen Stil erbaut.

Am Übergang zwischen dem Weserbergland und dem Norddeutschen Tiefland, und am Schnittpunkt bedeutender europäischer Verkehrswege liegt die Landeshauptstadt Hannover mit rund einer halben Million Einwohner. Hildesheim, etwa dreißig Kilometer südöstlich von Hannover, lohnt einen Abstecher. Der Dom mit dem legendären Rosenstock an der Apsis und die Michaeliskirche gehören zum UNESCO-Weltkulturerbe.
Das Braunschweiger Land erstreckt sich zwischen Heide und Harz. Sehenswert sind hier nicht nur Braunschweig, die Stadt Heinrichs des Löwen, sondern auch Wolfsburg mit seinen Alvar-Aalto-Bauten und seiner „Autostadt", die alte Residenz Wolfenbüttel, oder Salzgitter, wo schon die Germanen Eisenerz verhütteten.
Die Vergangenheit der deutschen Teilung begreifen, um Perspektiven für eine gemeinsame Zukunft aufzuzeigen, das ist das Anliegen des Projekts „Grenzenlos – Wege zum Nachbarn". Weil nirgendwo in Deutschland die Grenzgeschichte noch so authentisch erlebbar ist wie in der Region Helmstedt-Marienborn, wird hier mit Museen und Gedenkstätten die Erinnerung an die Teilung Deutschlands wach gehalten.
Eine abwechslungsreiche Reise verspricht die romantische Mittelgebirgslandschaft des Weserberglands, das teilweise zu Niedersachsen gehört. Der Solling erreicht 528 Meter Höhe und bietet vielfältige Freizeitmöglichkeiten. Entlang der Weser liegen einige malerische Städte, wie Hameln, Bodenwerder oder Holzminden.
Die traditionsreiche Universitätsstadt Göttingen, im Harzvorland ganz im Süden des Landes gelegen, bietet zahlreiche Attraktionen, die zu entdecken sich lohnt, vom gut erhaltenen Altstadtkern über bedeutende Sammlungen bis zum Jazzfestival.

**Linke Seite:**
*Das Neue Rathaus von Hannover spiegelt sich im Maschteich. Der schlossähnliche Prachtbau wurde nach zwölfjähriger Bauzeit am 20. Juni 1913 eingeweiht.*

*Blick in die Rathauskuppel. Ihre Höhe mit Aussichtsplattform beträgt knapp 100 Meter. Die Kuppel ist durch einen Aufzug zugänglich.*

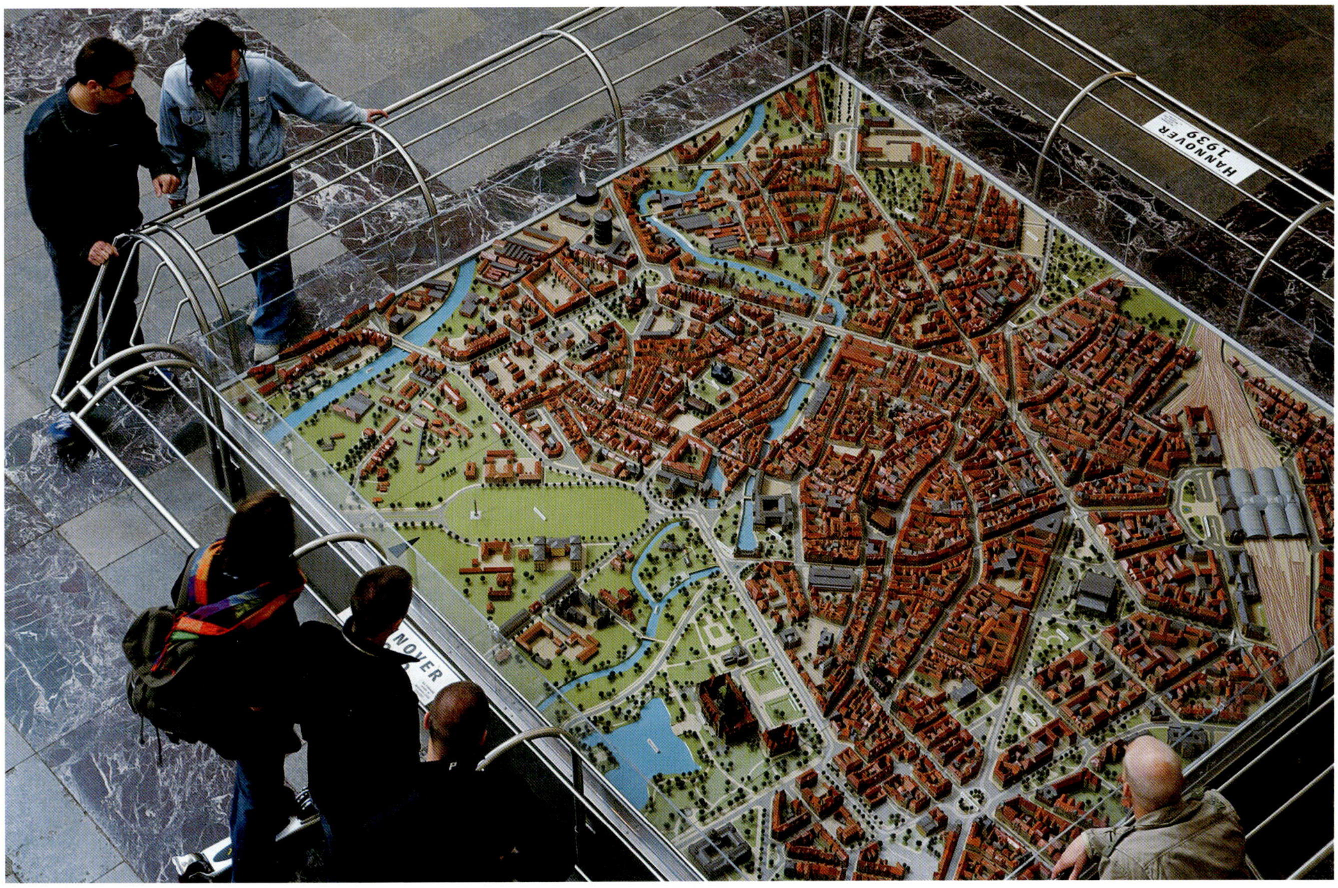


*Im Erdgeschoss des Rathauses befinden sich vier Modelle, welche die städtebauliche Entwicklung Hannovers darstellen. Im Bild das Modell der Stadt vor Ausbruch des Zweiten Weltkriegs.*

**Rechts:**
*Das Alte Rathaus im Zentrum der Altstadt von Hannover ist Zeugnis der norddeutschen Backsteingotik. Mit dem Bau wurde bereits 1410 begonnen. Eine Bürgerinitiative bewahrte es zum Ende des 19. Jahrhunderts vor dem Abriss.*

**Ganz rechts:**
*Von 1698 bis zu seinem Tod 1716 bewohnte Gottfried Wilhelm Leibniz ein 1499 erbautes Renaissance-Bürgerhaus. Es wurde 1943 zerstört und mit originalgetreuer Fassade 1981 bis 1983 an anderer Stelle, am Holzmarkt, rekonstruiert.*

**Rechts:**
*Der Ballhofplatz ist nach dem Ballhof benannt, den Herzog Georg Wilhelm zwischen 1649 und 1664 als Veranstaltungssaal und für das damals modische Federballspiel errichten ließ. Auf dem Platz davor finden kleinere Konzerte und Theateraufführungen statt.*

**Rechte Seite:**
*Die Köbelstraße mit dem Alten Rathaus, im Hintergrund die Marktkirche. Diese älteste der drei Pfarrkirchen in der Altstadt von Hannover stammt aus dem 14. Jahrhundert.*

BESMED
ZONE
Lieferverkehr frei

**Oben:**
Das 51 Meter hohe Anzeiger-Hochhaus, mit seiner markanten Kuppel ein Wahrzeichen von Hannover, wurde 1927/28 nahe dem Steintorplatz erbaut. Der Entwurf stammt von dem expressionistischen Architekten Fritz Höger (1877–1949).

**Rechts:**
Das Landesdenkmal „Die Göttinger Sieben“ beim Landtagsgebäude, ein Werk des Italieners Floriano Bodini (1933–2005), zeigt sieben Göttinger Professoren, die 1837 gegen die Aufhebung des Staatsgrundgesetzes protestierten. Dafür wurden sie ihrer Ämter enthoben; einige mussten das Land verlassen.

**Oben:**
*Das klassizistische Laveshaus am Friedrichswall 5 in Hannover ließ der Hofarchitekt, Stadtplaner und Bauingenieur Georg Ludwig Friedrich Laves 1822 bis 1824 als eigenes Wohnhaus errichten.*

**Links:**
*Die französische Künstlerin Niki de Saint Phalle (1930–2002) wurde durch ihre sinnlichen, farbenfrohen „Nanas“ populär. Diese drei schmücken die Skulpturenmeile am Hohen Ufer der Leine in Hannover.*

***Unten:***
*Der Große Garten von Herrenhausen ist das historische Kernstück der Herrenhäuser Gärten. Im Hintergrund das Galeriegebäude, eine der Spielstätten der „Festwochen in Herrenhausen“. Es wird auch für Empfänge und besondere Veranstaltungen genutzt.*

**Rechts oben:**
*Zahlreiche schneeweiße Skulpturen schmücken den Großen Garten. Einige symbolisieren die Erdteile und die vier Jahreszeiten, andere entstammen der antiken Mythologie.*

**Rechts Mitte:**
*Zur „Blauen Stunde" beleuchtet und verzaubert: Die Große Fontäne im Großen Garten mit ihrem bis zu 80 Meter hohen Wasserstrahl.*

**Rechts unten:**
*Der rund 0,8 Quadratkilometer große Maschsee zieht Wassersportler ebenso an, wie er auf seinen rund sechs Kilometer langen Uferwegen zum Flanieren, Radfahren oder Joggen einlädt.*

***Oben:***
*Die St.-Godehard-Basilika in Hildesheim wurde nach der Heiligsprechung des Benediktinerabts und späteren Hildesheimer Bischofs Godehard (Gotthard) im 12. Jahrhundert im hochromanischen Stil erbaut. Sie ist größtenteils im Originalzustand erhalten.*

***Rechts:***
*Der Mariendom zu Hildesheim. Der erste Dom an dieser Stelle entstand im 9. Jahrhundert. Alle Nachfolgebauten stehen auf seinen Fundamenten. Legendär ist der tausendjährige Hildesheimer Rosenstock an der Domapsis, der das Wahrzeichen Hildesheims ist. Der Dom ist seit 1985 Weltkulturerbe der UNESCO.*

***Links:***
*Bei den am Hildesheimer Marktplatz stehenden Fachwerkbauten handelt es sich um Rekonstruktionen aus den 1980er-Jahren. Seither ist der historische Marktplatz wieder touristischer Mittelpunkt der Stadt.*

***Unten:***
*Der Kehrwiederturm in der Keßlerstraße ist der letzte erhaltene der ursprünglich vier Türme der Hildesheimer Stadtbefestigung. Der Sage nach verdankt er seinen Namen dem Umstand, dass der Klang seines Geläuts einem adligen Fräulein, welches sich im angrenzenden Wald verirrt hatte, den Heimweg wies.*

**Rechts:**
*Die Herzog-August-Bibliothek in Wolfenbüttel, auch bekannt unter dem Namen „Bibliotheca Augusta", ist eine international bekannte Bibliothek und bedeutende Forschungsstätte. Im 17. Jahrhundert galt sie als die größte Bibliothek nördlich der Alpen und wurde als achtes Weltwunder bezeichnet.*

**Unten:**
*An der Herzog-August-Bibliothek wirkten von 1690 bis 1716 Gottfried Wilhelm Leibniz und von 1770 bis 1781 Gotthold Ephraim Lessing als Bibliothekare. – Blick in die Augusteerhalle.*

**Oben:**
*Denkmal für Herzog August den Jüngeren (1579–1666) auf dem Marktplatz von Wolfenbüttel, errichtet 1904. Er galt als einer der gelehrtesten Fürsten seiner Zeit.*

**Links:**
*Das Lessinghaus in Wolfenbüttel. Es wurde 1733 im Stil eines spätbarocken französischen Parkschlösschens erbaut und als Hofbeamtenhaus genutzt. 1777 wurde es Gotthold Ephraim Lessing als Wohnhaus zugewiesen. Er wohnte und arbeitete hier bis zu seinem Tode. Heute dient es als Lessing-Museum.*

**Unten:**
*Die Burg Dankwarderode am Burgplatz in Braunschweig reicht bis ins 11. Jahrhundert zurück und war über Jahrhunderte Residenz der Braunschweiger Herzöge. Heute ist sie Teil des Herzog-Anton-Ulrich-Museums. Das Original des Braunschweiger Löwen wird hier aufbewahrt.*

**Rechts oben:**
*Der Altstadtmarkt ist das Zentrum der Braunschweiger Altstadt. Das gotische Altstadtrathaus ist eines der ältesten erhaltenen Rathäuser Deutschlands. Sein ältester Teil stammt aus der Mitte des 13. Jahrhunderts. Davor steht der Altstadtmarktbrunnen von 1408.*

**Rechts Mitte:**
*Im Rittersaal der Burg Dankwarderode. Er wurde im Krieg schwer beschädigt und Anfang der 1990er-Jahre auf-*

*wändig rekonstruiert. Die Ausmalungen wurden nach originalen Vorlagen wiederhergestellt. Heute wird er für Veranstaltungen und Ausstellungen genutzt.*

***Rechts unten:*** *Im Magniviertel, einem der ältesten Viertel der Stadt Braunschweig, spielt sich zwischen zahlreichen Lokalen buntes Altstadtleben ab. Alljährlich am ersten Septemberwochenende findet hier das „Magnifest" statt, ein Straßenfest mit Kleinkunst und Marktständen.*

# AUTOGESCHICHTE – DER VOLKSWAGEN AUS WOLFSBURG

Vergangenes ist greifbar. Erinnerungen werden wach. Emotionen leben auf. Und der typisch blubbernd-düsige Klang eines Käfer-Boxermotors rückt wieder ganz nah ans Ohr. Eindrücke, die bei alt und jung das Herz höher schlagen lassen." – So preist das „Volkswagen AutoMuseum" in Wolfsburg seine Ausstellung, und für ungezählte Menschen stimmt das ganz genau: Der „Käfer" war nicht einfach nur ein x-beliebiges Fahrzeug; für viele Deutsche war er ihr erstes eigenes Auto, das ihnen selbstbestimmte Mobilität und einen Hauch Freiheit ermöglichte. Daher sind sentimentale Erinnerungen berechtigt, auch an die Schwächen dieses Autos, von der eigenwilligen Heizung bis zu den mäßig leuchtkräftigen 6-Volt-Scheinwerfern der frühen Jahre.

Längst steht der Name „Volkswagen" für einen Weltkonzern. Europas größter Autohersteller, die Volkswagen AG, ist heute ein Tochterunternehmen von Porsche und umfasst außerdem die Marken Audi, Bentley, Bugatti, Lamborghini, Seat, Škoda und Scania. Im Geschäftsjahr 2006 lieferte Volkswagen allein in Deutschland 1,1 Millionen Autos aus, was einem Marktanteil von 30 Prozent entspricht; weltweit sind es etwa zehn Prozent.

Angefangen hat das alles mit dem Ur-Volkswagen. Im Januar 1934, auf der Internationalen Automobilausstellung in Berlin, forderte Reichskanzler Adolf Hitler die Konstruktion eines Automobils für breite Bevölkerungsschichten. Es sollte vier Sitze haben, 100 Stundenkilometer Dauergeschwindigkeit schaffen, sparsam im Verbrauch sein und unter 1000 Reichsmark kosten. Da die anderen Autohersteller diesen Plan als unrealistisch ablehnten, wurde der Ingenieur Ferdinand Porsche mit der Entwicklung des „KdF-Wagens" betraut. Heute gilt allerdings der österreichische Konstrukteur Béla Barényi (1907–1997) als eigentlicher Urheber des „Käfers".

### Größte Automobilfabrik der Welt

„KdF" steht für „Kraft durch Freude". Das war eine Unterorganisation der „Deutschen Arbeitsfront" (DAF), die den Zweck hatte, die Freizeit der „Volksgemeinschaft" zu organisieren und „gleichzuschalten". 1938 legte Hitler den Grundstein für das Werk, in dem pro Jahr 150 000 Autos gebaut werden sollten. Standort wurde ein ländliches und dünn besiedeltes Gebiet bei der Gemeinde Fallersleben nahe dem Schloss Wolfsburg. Die Deutsche Arbeitsfront stampfte hier in verkehrsgünstiger Lage in der geografischen Mitte des Reiches die größte Automobilfabrik der Welt aus dem Boden, finanziert durch das beschlagnahmte Vermögen der Gewerkschaften. Gleichzeitig wurde hier am 1. Juli 1938 eine neue Stadt mit Namen „Stadt des KdF-Wagens bei Fallersleben" gegründet. Dem Volk versprach man das Auto tatsächlich für 990 Reichsmark, obwohl schon früh deutlich wurde, dass die Herstellungskosten über dem Doppelten dieses Betrags liegen würden. 340 000 Deutsche erwarben wöchentlich Sparmarken für fünf Mark und klebten sie auf eine Karte. Sie alle wurden um ihr Geld geprellt, denn bei Kriegsausbruch 1939 wurde die Produktion auf Rüstungsgüter wie den „Kübelwagen" umgestellt. 20 000 Zwangsarbeiter hatten Dienst zu leisten. Jahrzehnte später sollte der Konzern ihnen eine Entschädigung zahlen und damit zum Vorreiter der Wiedergutmachung in der deutschen Wirtschaft werden.

1945 wurde die „Stadt des KdF-Wagens", in der bereits 17 000 Menschen lebten, in Wolfsburg umbenannt, und unter der britischen Besatzung begann die Serienproduktion des Volkswagens. Ende 1953 wurde der Wagen schon in 88 Länder exportiert. Im August 1955 lief das einmillionste Exemplar vom Band. Bis 2003 folgten noch weitere 20,5 Millionen. Bis 1978 wurden VW-Käfer in Deutschland produziert, danach nur noch in Mexiko und Brasilien. Nachfolger des Käfers als echter „Volks-Wagen" wurde der VW Golf, seit Juni 2002 das meistverkaufte Auto Europas mit über 25 Millionen Exemplaren.

VW produziert in 44 Fertigungsstätten in 18 Ländern der Welt 25 000 Autos täglich. Vom Erfolg des niedersächsischen Autoherstellers erzählt die im Jahr 2000 eröffnete „Autostadt" in Wolfsburg. Kunden können dort ihr neues Auto abholen oder sich über die Produktpalette informieren. In einer 40 Hektar großen Lagunenlandschaft werden vielerlei Attraktionen präsentiert: Ausstellungen, Kunstwerke und Filme ermöglichen, so die Werbung des Konzerns, eine Reise in die Welt der Mobilität.

**Links:**
*In solche Karten wurden die Sparmarken für den „KdF-Wagen" geklebt. Nach dem Krieg waren sie wertlos.*

**Oben:**
*Die „Autostadt Wolfsburg" entstand im Jahr 2000 als dezentrales Projekt der Expo 2000 und ist Werksmuseum und Erlebnispark in einem.*

**Bilder rechts, von oben nach unten:** Zwei KdF-Wagen fahren im Januar 1943 einsam und allein auf der Reichsautobahn.

Am 28. Januar 1939 beim Presseball: Prominenz rahmt den Hauptgewinn ein, darunter Ferdinand Porsche und der Schauspieler Heinrich George.

In den 1960er-Jahren gehörte der Käfer zum Straßenbild, hier 1961 in der Innenstadt von Karlsruhe.

Er lief und lief und lief … hier im Jahr 1973 vom Band in Wolfsburg, zum Abschluss auf Hochglanz gebracht.

**Oben:**
*Landschaft im Naturpark Solling-Vogler im Weserbergland. Der Park liegt nordwestlich von Göttingen und umfasst 52 000 Hektar zwischen der Weser im Westen und der Leine im Osten. Seltene Pflanzen und Vögel sind hier zu finden.*

**Rechts:**
*Im Naturpark unter uralten Bäumen an der Weser entlang dahinzuradeln, ohne kräftezehrende Steigungen und Gefällestrecken – was kann es Schöneres geben?*

***Links:***
*Der Weserradweg ist im Januar 2007 auf der Tourismusmesse CMT in Stuttgart als beliebtester Radwanderweg Deutschlands ausgezeichnet worden. Auch für Ungeübte ist er gut geeignet.*

**Unten:**
Im Weserbergland blühte zwischen 1520 und 1640 der Architekturstil der „Weserrenaissance“. Ein Beispiel ist Schloss Hämelschenburg mit seiner vollständig erhaltenen Renaissanceanlage, reizvoll gelegen zwischen Hameln und Bad Pyrmont.

**Rechts oben:**
Die traditionsreiche Porzellanmanufaktur im Schloss Fürstenberg wurde 1747 von Herzog Carl I. von Braunschweig gegründet. Sie zählt zu den ältesten in Europa. Die restaurierte Schlossanlage im Stil der Weserrenaissance beherbergt heute das manufaktureigene Porzellanmuseum.

**Rechts Mitte:**
*Kloster Bursfelde liegt im Landkreis Göttingen am Nordwestrand des Naturparks Münden. Von den Klostergebäuden ist in erster Linie die romanische Klosterkirche St. Thomas und Nikolaus erhalten.*

**Rechts unten:**
*Die Kleinstadt Bodenwerder im Landkreis Holzminden ist vor allem als Geburtsort und langjähriger Wohnsitz des „Lügenbarons" Karl Friedrich Hieronymus von Münchhausen bekannt. Die Schulenburg, ein Gebäude seines ehemaligen Gutshofs, beherbergt ein Münchhausen-Museum.*

***Linke Seite:***
*Das 1602 im Stil der Weserrenaissance erbaute Rattenfängerhaus in Hameln. Die Geschichte vom Rattenfänger datiert aus der Zeit zwischen 1430 und 1450.*

*Der Marktplatz von Rinteln an der Weser, einem Kleinod der Weserrenaissance. Hier lässt es sich bummeln und genießen! Weithin sichtbares Wahrzeichen Rintelns ist der Turm der Kirche St. Nikolai.*

*Im Zentrum von Hannoversch Münden befindet sich das Rathaus, dessen Kern ein gotischer Saalbau aus dem 14. Jahrhundert bildet. Von 1603 bis 1618 wurde es durch den Lemgoer Baumeister Georg Crossmann umgebaut und erhielt seine heutige Schmuckfassade. An der Nordseite zeigt ein Glockenspiel täglich dreimal einen Figurenumlauf mit Szenen aus dem Leben des Doktors Eisenbarth, der in der hiesigen Aegidienkirche beigesetzt ist.*

***Oben:***
*Bad Pyrmont liegt im Weserbergland zwischen Hameln und Paderborn. Das Wasserschloss ist Kern einer Festungsanlage aus dem 16. Jahrhundert. Es stammt aus der Barockzeit und beherbergt ein Museum zur Stadt- und Badgeschichte.*

***Rechts:***
*Zwischen Weser und Leine und zwischen Göttingen und Kassel liegt der bergige Naturpark Münden. Große zusammenhängende Waldgebiete und die Flüsse Werra, Fulda und Weser prägen diese Landschaft.*

***Oben:***
*Der Kurpark in Bad Pyrmont wurde als „Deutschlands schönster Park 2005" ausgezeichnet. Der Telemann-Garten ist dem Komponisten Georg Philipp Telemann gewidmet, der mehrmals in Pyrmont kurte. Im Teehaus unter Linden und Platanen genießt man stilvoll ein Tässchen.*

***Links:***
*Der ehemalige Basaltsteinbruch am Hohen Hagen im Naturpark Münden. Der Abbau von Basaltgestein ist ab 1825/26 belegt; 1971 wurde er eingestellt.*

**Unten:**
*Blick auf die mittelalterliche Altstadt von Goslar vom Nordturm der Marktkirche: Der Schuhhof, der älteste Platz in Goslar, schmückt sich mit der Hirsch-Apotheke von 1780 und dem Schuhmacher-Gildehaus.*

**Rechts oben:**
*Kaffeepause am Schuhhof, im Hintergrund erheben sich die beiden unterschiedlichen Türme der Marktkirche. Seit 1992 stehen die Altstadt und der Rammelsberg auf der UNESCO-Liste des Kulturerbes der Menschheit.*

**Rechts Mitte:** *Idyllische Landschaft am Harzrand bei Bad Lauterberg, im Hintergrund das Mittelgebirge des Harzes.*

**Rechts unten:** *Schloss Herzberg in Herzberg am Harz ist eines der wenigen Schlösser in Niedersachsen in Fachwerkbauweise. Es wurde nach einem Brand von 1510 neu erbaut. Zwischen 1158 und 1866 befand es sich ununterbrochen im Besitz der Welfen und wird daher auch Welfenschloss genannt.*

***Oben:***
*„Blaue Stunden“ in der alten Universitätsstadt Göttingen, hier am Marktbrunnen von 1901 mit der Gänseliesel. Das Wahrzeichen der Stadt wird viel geküsst, denn nach altem Brauch muss jeder frisch promovierte Doktor die Figur küssen.*

***Rechts:***
*Göttingens beliebte Einkaufsmeile: die Weender Straße. Heinrich Heine befand: „Die Stadt Göttingen, berühmt durch ihre Würste und Universität, gehört dem Könige von Hannover, und enthält 999 Feuerstellen, diverse Kirchen, eine Entbindungsanstalt, eine Sternwarte, einen Karzer, eine Bibliothek und einen Ratskeller, wo das Bier sehr gut ist.“*

***Oben:***
*Das Alte Rathaus von Göttingen liegt an der Westseite des Marktplatzes und wurde ab 1270 errichtet. Im Laufe seiner Geschichte wurde es mehrmals umgebaut, verwüstet und wieder hergestellt. Bis 1978 war es Sitz der Stadtverwaltung, seither dient es Repräsentationszwecken.*

***Links:***
*Die gotische St.-Johannis-Kirche mit ihren zwei Türmen ist eines der Wahrzeichen von Göttingen. Sie wurde von 1300 bis 1344 erbaut.*

HOTEL
Gilde-Bräu
Pastorenstraße
Toiletten
Tourist i
Museum
Marktstraße
Einbecker
Brautradition seit 1378

**Linke Seite:**
*Fachwerkhäuser am Marktplatz von Bad Gandersheim. Das Solebad liegt zwischen dem Leinetal und dem Harz im Tal des Flusses Gande.*

*Das mittelalterliche Stadtbild von Duderstadt wird geprägt von rund sechshundert Bürgerhäusern verschiedener Stilepochen, überwiegend Fachwerkhäusern. Die Hauptkirche von Duderstadt ist St. Cyriakus, in der Region auch Eichsfelder Dom genannt.*

*Auch die traditionsreiche Bierstadt Einbeck ist reich an spätmittelalterlichen Fachwerkhäusern. Das Alte Rathaus stammt von 1550 bis 1556, die drei Türme von 1593.*

# Register


| | Textseite | Bildseite |
|---|---|---|
| Altes Land | 12 | 70–72 |
| Artland | | 60, 61 |
| Aurich | | 50, 51 |
| Bad Gandersheim | | 132 |
| Bad Pyrmont | | 126, 127 |
| Berge | | 60 |
| Bodenwerder | 102 | 123 |
| Borkum | 46 | |
| Börstel, Stift | | 59 |
| Braunschweig | 12–16, 19, 20, 102 | 116, 117 |
| Bursfelde, Kloster | | 123 |
| Carolinensiel | | 28, 29, 32 |
| Celle | 14, 68, 92 | 85–87 |
| Clemenswerth, Schloss | 26 | 57 |
| Cloppenburg | 15, 26 | 62 |
| Cuxhaven | 68 | 73 |
| Dankern, Wasserschloss | | 56 |
| Dornum | | 34 |
| Duderstadt | | 133 |
| Einbeck | | 8, 133 |
| Esens | | 34, 35 |
| Freepsum | 12 | |
| Fürstenberg, Schloss | | 123 |
| Goslar | 20 | 128, 129 |
| Göttingen | 12, 13 | 130, 131 |
| Greetsiel | | 28, 30 |
| Groß-Mimmelage | | 6 |
| Gut Altenkamp | | 15, 56 |
| Hameln | 20, 102 | 20, 124 |
| Hämelschenburg, Schloss | | 122 |
| Hannover | 12–19, 102 | 104–111 |
| Hannoversch Münden | | 125 |
| Haren | 26 | |
| Harlesiel | | 32, 33 |
| Haselünne | | 58 |
| Herrenhausen/ Herrenhäuser Gärten | 15, 18 | 110, 112 |
| Herzberg | | 129 |
| Hildesheim | 14, 20, 102 | 12, 16, 112, 113 |
| Holzminden | 102 | |
| Hüven | | 58 |
| Jever | | 48, 49 |
| Jork | | 72 |
| Leer | | 22, 52, 53 |
| Lüneburg | 16, 20 | 5, 98–101, 136 |
| Lüneburger Heide | 12, 13, 20, 68, 92 | 88–96 |
| Marienburg, Schloss | | 102 |
| Müden | 92 | |
| Münden, Naturpark | | 126, 127 |
| Neuharlingersiel | | 26, 31 |
| Norden | | 24 |
| Norderney | | 19, 38–45 |
| Oldenburg | | 54, 55 |
| Oldendorf | | 97 |
| Osnabrück | 20, 26 | 64–67 |
| Papenburg | 26 | 52 |
| Peine | 13 | |
| Pietzmoor | | 96 |
| Reepsholt | | 49, 51 |
| Rinteln | | 125 |
| Sahrendorf | | 90 |
| Salzgitter | 13, 102 | |
| Solling-Vogler, Naturpark | 102 | 120 |
| Spiekeroog | 46 | 36, 37, 40, 41 |
| Stade | 13 | 10, 74–77 |
| Südheide, Naturpark | | 68, 91, 92 |
| Totengrund, Naturpark | | 89 |
| Undeloh | | 97 |
| Verden | | 82, 83 |
| Visbek | | 63 |
| Walsrode | 92 | |
| Werdum | | 34 |
| Wienhausen, Kloster | | 84, 85 |
| Wietzer Berg | | 94, 95 |
| Wilseder Berg | 92 | 93, 94 |
| Wolfenbüttel | 20, 102 | 114, 115 |
| Wolfsburg | 12, 13, 15, 102, 118 | 118, 119 |
| Worpswede | 68, 80 | 78–81 |

Inseln
Wangerooge
Cuxhaven
Elbe
Brunsbüttel
Itzehoe
SCHLESWIG-HOLSTEIN
LÜBECK
Wismar
Otterndorf
Naturraum Niederelbe
Elmshorn
Norderstedt
Carolinensiel
Drochtersen
Esens
Weser
BREMEN
Bad Bederkesa
Stade
Wedel
HAMBURG
HAMBURG
Schwerin
Jever
Nordsee Tropenpark
BREMER-HAVEN
Wilhelms-haven
Jade-busen
Norden-ham
Reinbek
MECKLENBURG-VORPOMMERN
Schloss Gödens
Bremervörde
Buxtehude
Geesthacht
Zetel
Varel
Wildpark Schwarze Berge
Seevetal
Freilicht-museum
Lauenburg
Brake
NIEDER-
Buchholz
Winsen
Zeven
Sittensen
Schiffs-hebewerk
Ludwigslust
Westerstede
Tostedt
Wildpark Lüneburger Heide
Schwane-wede
Osterholz-Scharmbeck
Freilichtmuseum Meyerhof
Wildpark Lauenbrück
Egestorf
Lüneburg
Bad Zwischenahn
OLDENBURG
Lüneburger
Schnever-dingen
Ameling-hausen
Waldmuseum
Göhrde
BREMEN
Otters-berg
Rotenburg
Bienen-büttel
Elbe
Dannen-berg
Delmen-horst
BREMEN
Heidepark Soltau
Wacholder-paradies
Wendland
Wittenberge
Garrel
Weyhe
Achim
Vissel-hövede
Soltau
Munster
Uelzen
Lüchow
Wildes-hausen
Syke
Verden
Freizeitpark Verden
Vogelpark
Klintmühle
Freilicht-museum
Cloppen-burg
Bassum
Aller
Wals-rode
Bad Falling-bostel
Heide
Landwirtschaftsmuseum Lüneburger Heide
Salzwedel
Twistringen
Bruchhausen-Vilsen
Bergen
Hermanns-burg
Löningen
Vechta
SACHSEN
Serengeti Safaripark Hodenhagen
Gedenkstätte Bergen-Belsen
Kloster Hankenbüttel
Wittingen
Quaken-brück
Lohne
Sulingen
Nienburg
Winsen
Diepholz
Leine
Deutsches Erdölmuseum
Celle
Stendal
Damme
Dümmer Museum
Steyerberg
Weser
Aller
Wahrenholz
Gardelegen
Kloster Lage
Festung Wilhelmstein
Neustadt a. Rübenberge
Burgwedel
Erse-Park-Uetze
Gifhorn
Archäolog. Museumspark
Rehburg-Loccum
Stein-huder Meer
Garbsen
Langen-hagen
Burgdorf
Wolfsburg
SACHSEN-ANHALT
Bramsche
Dinosaurierpark Münchehagen
Schloss Wittekindsburg
Bohmte
Wunstorf
HANNOVER
Lehrte
Osnabrück
Stadthagen
Barsing-hausen
Peine
Braunschweig
Königs-lutter
Schloss Ledenburg
Dietrichsburg
Minden
Besucher-bergwerk
Sarstedt
Helmstedt
Gedenkstätte Deutsche Teilung
Georgs-marienhütte
Melle
Rinteln
Springe
Schloss Marienburg
Hildesheim
Salzgitter
Wolfen-büttel
MAGDE-BURG
Dissen
Schöningen
Glandorf
Herford
Weser
Hameln
Elze
Schöppen-stedt
Bad Salz-detfurth
Salzgitter-Bad
Heeseberg
Bielefeld
Aerzen
Hämelschenburg
Burg Wohldenberg
Ruine Werla
Bad Pyrmont
Alfeld
Goslar
Gütersloh
Detmold
Seesen
Bergbau-museum
Bad Harzburg
Halberstadt
HEIN-WESTFALEN
Holz-minden
Einbeck
Iberger Tropfsteinhöhle
Wernigerode
Brocken 1.142m
Clausthal-Zellerfeld
Harz
Hamm
Paderborn
Höxter
Waldmuseum
Solling
Osterode
Braunlage
Aschers-leben
Northeim
Beverungen
Uslar
Herzberg
Einhornhöhle
Weser
Göttingen
Duderstadt
Nordhausen
Hannoversch Münden
Europäisches Brotmuseum
HESSEN
THÜRINGEN
Kassel

Der Platz Am Sande ist der älteste Platz der Stadt Lüneburg. Diese Meerjungfrau über dem alten Wappen des Fürstentums Lüneburg schmückt als Wetterfahne einen der Backsteingiebel.

***Impressum***

**Buchgestaltung**
*www.hoyerdesign.de*

**Karte**
*Fischer Kartografie, Aichach*





*Printed in Germany*
*Repro: Artilitho, Lavis-Trento, Italien - www.artilitho.com*
*Druck und Verarbeitung: Offizin Andersen Nexö, Leipzig*




*ISBN 978-3-8003-4018-7*